臺灣歷史與文化_{研究輯刊}

臺灣歷史與文化研究輯刊

十九編

第 **16** 冊

鄭坤五及其文學研究（修訂版）（上）

林翠鳳 著

花木蘭文化事業有限公司

國家圖書館出版品預行編目資料

鄭坤五及其文學研究（修訂版）（上）／林翠鳳 著 -- 初版 --
新北市：花木蘭文化事業有限公司，2021〔民110〕
序 4+ 目 4+152 面；19×26 公分
（臺灣歷史與文化研究輯刊十九編；第 16 冊）
ISBN 978-986-518-464-3（精裝）
1. 鄭坤五 2. 文學評論
733.08   110000680

ISBN-978-986-518-464-3

9 789865 184643

臺灣歷史與文化研究輯刊
十九編　第十六冊　　　　　　ISBN：978-986-518-464-3

鄭坤五及其文學研究（修訂版）（上）

作　　者　林翠鳳
總 編 輯　杜潔祥
副總編輯　楊嘉樂
編　　輯　許郁翎、張雅淋　美術編輯　陳逸婷
出　　版　花木蘭文化事業有限公司
發 行 人　高小娟
聯絡地址　235　新北市中和區中安街七二號十三樓
　　　　　電話：02-2923-1455／傳真：02-2923-1452
網　　址　http://www.huamulan.tw 信箱 service@huamulans.com
印　　刷　普羅文化出版廣告事業
初　　版　2021 年 3 月
全書字數　284764 字
定　　價　十九編 23 冊（精裝）台幣 60,000 元

鄭坤五及其文學研究（修訂版）（上）

林翠鳳　著

作者簡介

林翠鳳，女，臺灣彰化人。國立中山大學中文研究所博士，國立臺中科技大學應用中文系教授。曾任國立臺中科技大學應用中文系主任。主要研究方向：臺灣文學、民俗信仰等。著作：《陳肇興及其陶村詩稿之研究》《黃金川集》《施梅樵及其漢詩之研究》等專書。主編《關帝信仰與現代社會研究論文集》《宗教皈依科儀彙編》《臺灣旅遊文學論文集》等十餘種。擔任《媽祖文化志》《田中鎮志》《大里市史》等史志編纂。已發表期刊論文百餘篇。

提　要

鄭坤五（1885～1959）是臺灣近代重要的文學作家，是跨越新、舊文學階段的見證者。他活躍於臺灣文藝界，也主編刊物，有意識地推動民智啟發。在創作與思想雙方面積極而突出，是站在臺灣文學歷史轉捩點上 3 的見證者與實踐者。

本論文聚焦探討鄭坤五其人及其文學，進行兩階段式的研究，即以文學史料為下層結構，以文學藝術為上層結構。獲致四項重點：

一、見證田野調查之必要

臺灣歷經動盪，再加上政治因素，文獻史料流失嚴重。本論文透過田野調查獲得許多一手資料。在家屬的同意之下，是鄭坤五手稿、證件資料最大量的公開。其中特別難得的是發掘了七幅鄭坤五畫軸，同步呈現。再有《光復新報》《原子能報》部分原件的出土，稍補臺灣報業史料。

二、大量運用一手資料，建構作家作品的認知基底

透過田調獲得的文獻，特別是散佚已久的作品，得以更精確地呈現鄭坤五的生平和創作內涵，讓作家為自己的生命顯影。

三、鄭坤五文學以詩歌為主體表現

鄭坤五的文學有多元化的表現，而以傳統詩為主體。他一生始終以詩人自居，詩齡長達一甲子以上，目前獲見者約二千首。

四、鄭坤五散文小說兼具濃厚的時代性與在地性傾向

鄭坤五左手寫詩，右手寫文，其散文、小說的創作數量甚為龐大。以文學隻筆，為動盪歷史留下鮮活側影。

本書於 2005 年由文津出版社初版，
修訂版於 2021 年由本公司出版。

自 序

　　鄭坤五（1885～1959）跨越臺灣清代、日治時期、國民政府三個階段。他終其一生勤奮不懈地創作，為臺灣在地化書寫，留下了良好的典範，是臺灣歷史劇變歷程的見證者。在他筆下記錄了個人的生命經驗和大時代的集體記憶，而共同的基底，都是植根於濃厚的鄉土關懷。

　　吾人在緬懷鄉賢儀式可範的同時，嘗試具體呈現作家煥發生命神采的藝術成果，闡幽揚微，當是回饋文化人的積極作為，而這也是本論文寫作的初始理念。本論文以文獻與文學為兩大軸心，希望以一手資料，呈現作家身影，也透過其豐富的作品，提點出前輩文人多彩的文學佳績。

　　整理與研究的過程中，慶幸能有許多師長前輩的提攜指教，也有身邊許多友人的打氣相挺。包括鄭坤五哲嗣鄭麒傑先生、嗣孫鄭文華先生、臺灣漢語大師許成章先生的哲嗣許勝一先生、東海大學中文系吳福助教授、大樹文史協會羅景川會長、高雄文史專家胡巨川先生、彰化縣詩學研究協會吳錦順創會長、臺南鯤瀛詩社吳中社長、《全臺詩》總校對黃哲永先生、臺中技術學院同事許華青教授等等。他們熱心誠懇的協助，倍增筆者內心由衷的感恩。一路走來，感受到臺灣在地人情的溫馨可愛、本土文學的豐富動人。期盼鄭坤五的文學成績能更加廣為周知，也希望有更多人投入研究鄭坤五的行列。

　　最後，要謝謝我最親愛的父母！因為你們，讓我更有努力向前的動力！我愛你們！

林翠鳳 2005 年首月于臺中

修訂版序

　　《鄭坤五極其文學研究》的修訂再出版，是 2020 年全球 covid-19 新冠肺炎疫情嚴峻的非常時期中，令人感到振奮鼓舞的美事！

　　民國 88 年（1999）8 月我順利升等副教授，翌年（2000）我考取國立中山大學中文研究所博士班，開始了同時身兼師、生兩角色的進修生涯。我很快決定以高雄在地臺灣文學為目標著手進行研究，也在鄭坤五哲嗣鄭麒傑先生、高雄文史專家胡巨川先生、大樹文史協會羅景川會長等人協助，特別是父親林昭仁先生、母親楊玉英女士的愛護之下，完成了《鄭坤五及其文學研究》。這本原來即將提出的博士論文，在獲得指導老師龔顯宗教授的同意之下，由文津出版社協助出版，我同時轉而向我所服務的國立臺中技術學院（後於民國 100 年 12 月 1 日起升格為「國立臺中科技大學」）提出教授升等審查申請。幸運地承蒙了各匿名審查委員們的垂愛，於民國 94 年（2005）2 月順利升等教授成功，也成為我 39 歲最棒的生日禮物。慶幸歡喜之餘，我隨即另行著手《施梅樵及其漢詩研究》論文的寫作，終於在民國 98 年（2009）夏天完成研究所學業，取得博士學位。這是我人生中最難忘的十年！

　　時光荏苒，匆匆又是十年過去了！這期間江湖中傳聞已久的《臺灣藝苑》出版了、鄭坤五的生平更多確認了、對臺灣褒歌的認識增加了，特別幸運的是在出版前夕的 2021 年初，因為到臺灣文學館開會，而意外看到，包括家屬都未曾見過的鄭坤五〈虎吼圖〉出現在我眼前了，凡此點點滴滴累積，都收錄在此最新的修訂版中，大大補充並提升了作品的內容。

　　感謝花木蘭文化事業有限公司的邀請出版，讓新的發現和體會有機會和大家分享交流。

林翠鳳 2021 年 1 月于彰化田中

文獻圖集

一、**生活寫真**（本節各圖均為掃瞄或筆者拍攝自鄭坤五哲嗣鄭麒傑等家屬
同意提供公開的相片，以下不另冗註。非此者另註。）

【圖1】鄭坤五頭像

—圖1—

【圖2】鄭坤五17歲隨母親和二位妹妹返臺留影

【圖3】鄭坤五與母親、原配趙蓮女士、長子麒南合影

【圖4】繼室蔡來發女士墓碑

【圖5】三娘黃繡涼女士

【圖6】鄭坤五夫人黃秀涼女士是洋裁師，早年曾開設洋裁店並招徒授藝

—圖3—

【圖 7】美術展覽會紀念攝影（鄭坤五為前排坐者右七）

【圖 8】皇紀二千六百年第十七回卒業紀念（鄭坤五為前排右五）

【圖9】民國35年9月臺灣省立高雄第一中學教職員紀念攝影
（鄭坤五為前排坐者右三）（本圖由吳榮發先生提供）

【圖10】民國36年6月25日臺灣省立高雄第一中學教職員紀念攝影
（鄭坤五為前排坐者右五）

九曲堂公學校獲少年野球（棒球）鳳山郡冠軍合影，三排中戴鴨舌帽者
是教練羅安心、前排左二羅華雲、前排右三李冬雨、三排右打領帶者是當時
父兄會長鄭坤五。

【圖11】九曲堂公學校榮獲少年棒球鳳山郡冠軍合影（鄭坤五時任父兄會長，
為三排打領帶者）（梁忠義提供，取自羅景川《下淡水溪風雲》）

【圖12】鄭坤五於光復新報社前留影

【圖13】家庭旅遊紀念

—圖6—

【圖14】民國46年10月遊獅頭山紀念　【圖15】鄭坤五墓〈預作墓碑詩〉碑

二、文書證件

（本節鄭坤五各手稿、證件、書畫等為鄭麒傑先生藏、筆者攝影或掃瞄。以下不另冗註。非此者則註明。）

【圖16】鄭坤五題款

—圖7—

【圖 17】鄭坤五書章

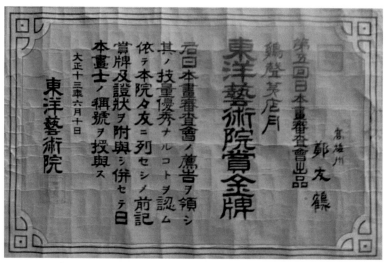

【圖 18】鄭坤五「東洋藝術院賞金牌獎狀」

【圖 19】東洋藝術院賞金牌正、反面

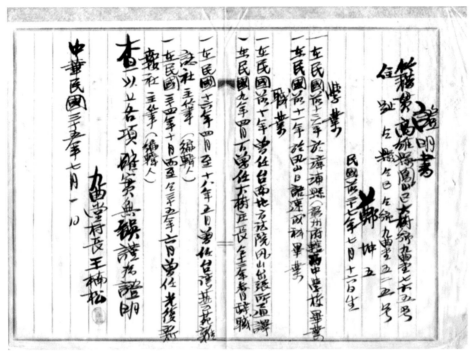

【圖20】履歷證明書

【圖21】《臺灣藝苑》版權頁

—圖9—

第一七二號
鄭坤五
右司法代書人タルコトヲ認可ス
大正十二年四月一日
臺南地方法院長金子保次郎

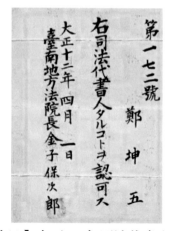

【圖22】大正12年司法代書人證書

【圖23】民國35年司法書士登記證

臺灣省立高雄第一中學聘書
茲聘請
鄭坤五先生為本校國文科專任教員
此聘
臺灣省立高雄第一中學校長林景元
中華民國三十五年七月一日

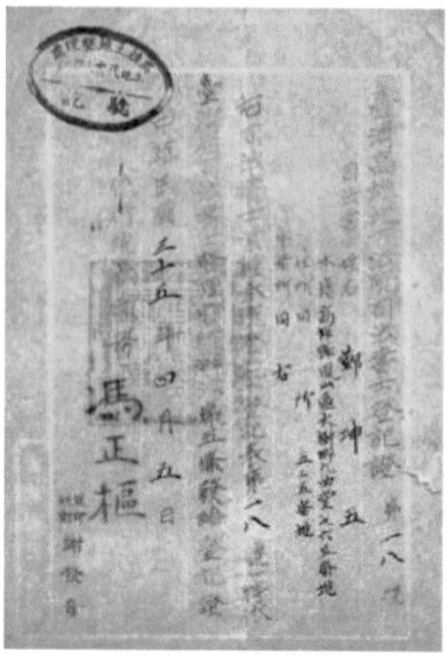

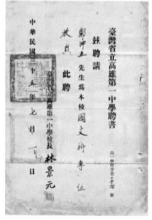

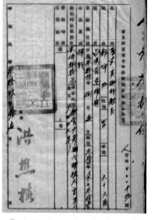

【圖24】民國35年省立雄一中聘書

【圖25】民國39年省立屏女離職書

鄭坤五係臺灣省高雄市人現年六二歲
經本省中等學校教員甄選委員會甄選合格准充初級中學國文教員有效期間兩年此證
臺灣省行政長官公署教育處處長
中等學校教員甄選委員會主任委員
范壽康

中華民國教育宗旨
中華民國之教育根據三民主義以充實人民生活扶植社會生存發展國民生計延續民族生命為目的務期民族獨立民權普遍民生發展以促進世界大同

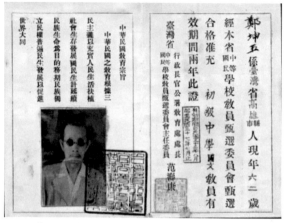

【圖26】民國35年教員甄選合格證

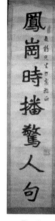

【圖27】友人贈聯

【圖28】民國38年臺灣省中等學校教員檢定合格證書 【圖29】六九華誕壽幅

【圖30】民國35年光復新報報頭　【圖31】民國35年光復新報編輯委任書

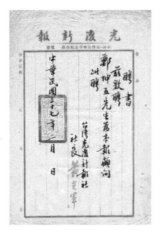 

【圖32】民國37年光復新報顧問聘書 【圖33】民國37年光復新報顧問聘函

—圖11—

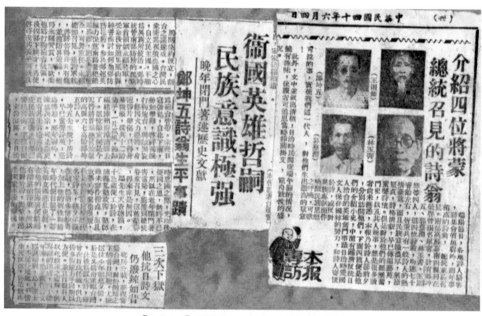

【圖 34】民國 40 年報社專訪剪報

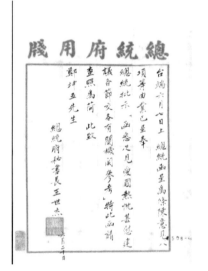

【圖 35】總統府覆函
（鄭文華藏）

【圖 36】辛卯詩人節全國詩人大會
詞宗聘函

【圖 37】松煙圖　　　　　　【圖 38】桃源圖（鄭文華藏）

— 圖 13 —

【圖 39】千仞圖（劉進財藏）　　　【圖 40】紅葉圖

—圖14—

【圖 41】雪山圖　　　　　【圖 42】猛虎圖（鄭文華藏）

— 圖15 —

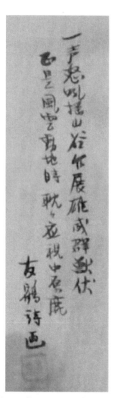

【圖 43】虎吼圖（岩石上昂首的老虎，對空吼嘯，畫面上下部分留空，以老
虎生動的紋路，使畫面聚焦在中心。四周有著暈染的大筆觸與挺勁的長草，
與畫題「風雲動地」的威勢相應和，且扣合視覺感受，為日治時期或戰後初
期所作。（魏清德家屬捐贈。國立臺灣文學館藏展））

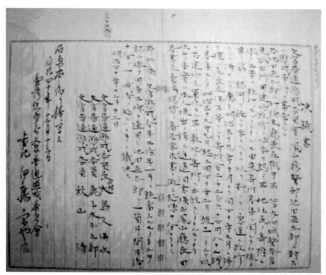

【圖 44】明治 40 年 12 月池田直太郎懲戒決議書（國史館臺灣總督府檔案）

—圖16—

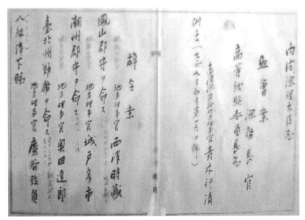

【圖 45】大正 9 年鳳山郡守西澤時藏任命辭令案（國史館臺灣總督府檔案）

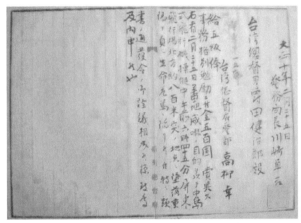

【圖 46】大正 12 年高柳幸殉職建請恤勉公文（國史館臺灣總督府檔案）

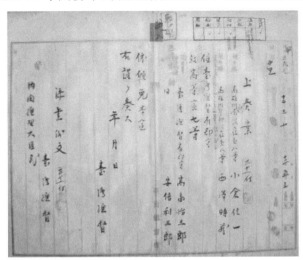

【圖 47】大正 12 年安倍利三郎依願免本官上奏案（國史館臺灣總督府檔案）

三、文學手稿、活動

（本節各圖多為鄭麒傑先生藏、筆者攝影，不一一冗註。非此者另註。）

【圖48】南方雜誌社出版《鯤島逸史》（上、下）

【圖49】〈活地獄〉作者自校剪報　　【圖50】〈火星界探險奇聞〉手稿

—圖18—

【圖 51】《鯤島逸史》手稿全七冊
（鄭德慶藏）

【圖 52】《鯤島逸史》第一回手稿

【圖 53】（左起）林翠鳳與胡巨川約訪《鯤島逸史》
手稿收藏者鄭德慶（左二）及其助理。

—圖19—

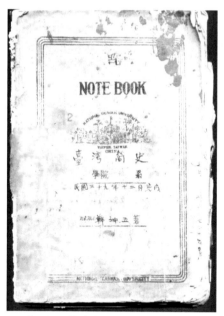

【圖54】《臺灣簡史》手稿本

【圖55】《鄭坤五雜記》手稿本

【圖56】《九曲堂時文集》

【圖57】手稿本之一

【圖 58】九曲堂末定草

【圖 59】《臺灣藝苑》1 卷 1 號原刊本

【圖 60】〈臺灣國風·序〉手稿

【圖 61】〈就鄉土文學來說幾句〉手稿

【圖62】《光復新報》〈創刊詞〉

【圖63】《原子能報》〈創刊詞〉

—圖22—

丹洲途次

避來三伏暑。踏破二毛山。採藥今何處。逍遙積翠間。

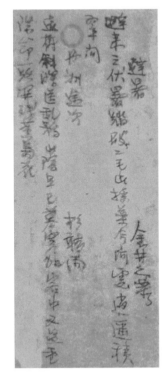

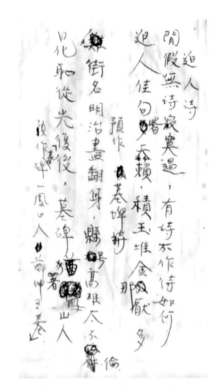

【圖64】《南方・蓬萊清籟》（左）
誤植與鄭氏原手稿（右）對比　　【圖65】〈預作墓碑詩〉〈迫人詩〉手稿

【圖66】大正 12 年天籟吟社一週年全臺詩人大會假台北東薈芳舉行，
鄭坤五（前排戴墨鏡著西裝戴帽者）連中三元，聲名大噪。

—圖23—

【圖 67】民國 42 年 9 月 20 日鳳崗吟社成立大會留影紀念
（前排中座戴墨鏡持帽者為鄭坤五，共 53 人）

【圖 68】民國 43 年 10 月 24 日鯤南七縣市聯吟大會詩人雅集合影紀念
（前排中坐戴墨鏡繫領帶者為鄭坤五）

【圖 69】全省首屆聯吟大會第二會場合影。（詞宗鄭坤五為首排中座者，
其左為內政部長連震東，其右為中宣部長梁寒操）

【圖 70】詩人大會於臺南孔廟（鄭坤五為首排右十）

【圖 71】花甲〈徵詩還曆〉剪報並自註

—圖25—

【圖72】〈准詩話〉剪報並作者自校

【圖73】萃英吟社第一回徵詩值東贈聯

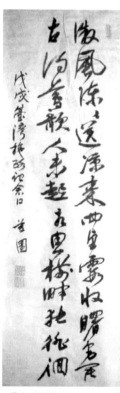

【圖74】臺灣總督兒玉源太郎號
藤園贈戊戌臺灣施政紀念日詩

—圖26—

祝鳳岡吟社成立　鄭坤五

文運欣逢繼二南。醉翁本上綺筵開。不才幸付名流束。瞻仰群賢大雅來。

酒　杯（同社課題擬作）

王瓚金甌別樣新。催詩貯月付騷人。面圖卻喜能超俗。是小猶堪滿注春。好上能筵依玉捐。幸沾芳澤近朱唇。壁來座內休輕放。萬物無如此可親。

鳳岫春雨（同擬作）

細雨釀花未放晾。半畝鳳泉退罷雄。家容樹空漾裏。軟綠新紅接鳳城。

同題其二（同擬作）

退綠渡紅脈脈春。罪罪拂拂雨如塵。屏南無限閒花草。同受東皇德澤勻。

【圖75】《臺灣日日新報》大正8年1月11日鄭坤五〈祝鳳岡吟社成立〉

哭太瘦生　丸仙堂　鄭坤五

中道交情忽棄捐。離愁血淚寄重泉。可憐徐孺臨空束藥。爭奈顏回不永年。起死方窮術盡難。返魂術盡卻尤天。扶桑一別成千古。後此終無再可緣。竹城當日正微時。絕術猶成幼婦眠。日鑿頭能獨占。泥金何處報君知。王子如今已上仙。追迢往事趣歷痴。心欲奪時魂返。爲樹令依鬼乞憐。布子終難續父書。生前一晤病何如。心欲付阿房垣。猶勝年年的蠹魚。

【圖76】《臺灣日日新報》大正8年1月14日鄭坤五〈哭太瘦生〉

【圖 77】大樹庄勇士黃輕　手稿頁

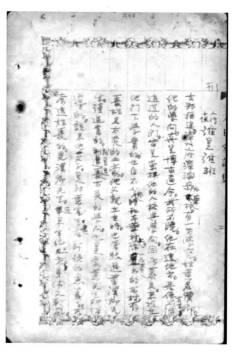

【圖 78】誰是誰非　手稿頁

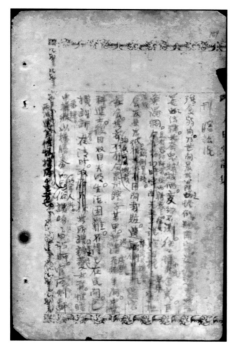

【圖 79】瞎訟棍　手稿頁

【圖 80】死生　手稿頁

【圖 81】陳坤崙主編《臺灣藝苑合訂
本》書影（高雄：春暉，2015 年 8 月）

【圖 82】林翠鳳主編《鄭坤五研究
第一輯》書影（臺北：文津，2004
年 11 月）

【圖 83】鄭坤五文物紀念展開幕式，2016 年 1 月 9 日於高雄文學館。
左起：大樹文史協會創會理事長羅景川、國立臺中科技大學教授林翠
鳳、春暉出版社社長陳坤崙、記者莊金國、鄭坤五哲嗣鄭麒傑、高雄文
學館館長潘政儀、高雄詩人胡巨川。

—圖29—

下　冊

第一章 緒 論

　　鄭坤五（1885～1959）是臺灣近代重要的文學作家，是跨越新、舊文學階段的見證者。據民國 40 年 6 月 4 日報社專訪時鄭氏表示：「自知詩而至今天，寫下了五千首詩，八篇長篇小說」〔註1〕，另加以報刊編輯、投稿諸文，則真可謂為多產作家了。

　　鄭坤五曾活躍於臺灣文藝界，尤其在新、舊文學論戰中，更以堅決擁護者的立場筆戰群雄，成為舊文學陣營的主要發聲者，對於臺灣文壇的遞變影響深遠；他也曾主編數種刊物，包括《臺灣藝苑》、《光復新報》、《原子能新報》等，有意識地推動民智啟發。他在創作與思想雙方面積極而突出的表現，在臺灣文學發展過程中產生過時代性的重要意義。可以說，鄭坤五是站在文學轉捩點上的見證者與實踐者。

第一節　研究動機

　　本論文以鄭坤五生平及其文學作品為研究對象，初始動機有二：

一、臺灣本土先賢文學的探索與發揚

　　筆者近年來投入臺灣文學的研究領域，深深體會臺灣本土先賢文學內容的豐富動人，遠超過先前個人的想像。臺灣的美麗迷人，不僅表現在其地理景觀，更內藏於其多元的文學情采之中。臺灣文學的發展歷史雖短，過程卻是起伏曲折，波瀾壯闊，成果豐碩。我們不得不佩服許多先賢在諸多困頓中，

〔註1〕見鄭氏剪貼簿。未註明何家報社。

對文學創作的堅持，讓臺灣本土文學發光發熱。

　　走入土地，親聞本土文學的泥土香。在先賢的土地上，瞭解先賢的文學，是筆者簡單的概念。之前，筆者以一個彰化囝仔的身份，懷著謙恭的心情，致力完成《陳肇興及其《陶村詩稿》之研究》〔註2〕，藉此擴大並深化了自我對故土的認識與情感，這是在論文完成之外最大的收穫。稍後〈田中蘭社百年史──一個區域文學史建構的實例〉〔註3〕的寫作，是為筆者從小生長的田中小鎮，略盡棉力，也終於初步完成內心多年的心願。之後，由於在南臺灣求學的經驗，南國鄉土的可愛親切，也讓人期許能對她有更多的瞭解。筆者對黃金川〔註4〕、鄭坤五等的探討，都是如此心情的具體表現。

二、臺灣古典文學研究的持續與延伸

　　臺灣古典文學在整體臺灣文學的發展史中，在時間比例、作家作品數量等方面，都應該佔有極重要的地位。雖然在學者們的努力下，研究成果可觀，然而尚待發掘與探討的部分，仍舊是一片的林莽荒野。若與現、當代文學的研究熱潮相較，則古典文學顯然是相對弱勢多了。

　　弱勢的古典文學，卻存在著極大的先天困境。其一是文獻散佚嚴重，其二是耆老凋零迅速，其三是朝野未盡重視。這三項因素，讓臺灣古典文學研究的進展緩慢，相對的，也讓從事臺灣古典文學的研究工作，常常感到與時間賽跑的迫切感。雖然這頗為辛苦，但臺灣文學的在地性，不能只從現、當代切割起，數百年來先賢的智慧文化、先民的步履血淚，絕大多數都記錄在古典文學中。古典文學文獻不予考究，何以繼承先賢的精神呢？吾人期盼有更多的臺灣子弟投入臺灣古典文學的欣賞與研究。

　　值此之故，南臺灣的鄭坤五早享令名，若論及新舊文學論戰，幾乎必然言及。論戰中支持所謂舊學的鄭坤五，其實正是古典文學的高手。他畢生盡瘁於文學創作，寫作大量、多樣化的文學作品，包括詩歌詞賦、文言小說、史

〔註2〕林翠鳳《陳肇興及其《陶村詩稿》之研究》，臺中：弘祥，1999 年 9 月。

〔註3〕林翠鳳〈田中蘭社百年史──一個區域文學史的史料建構實例〉，《東海中文學報》第 16 期第 345～407 頁，2004 年 7 月。

〔註4〕林翠鳳〈黃金川之詩學養成及其《金川詩草》內容探討〉，《東海中文學報》第 13 期第 185～210 頁，2001 年 7 月。

　　　林翠鳳〈黃金川《金川詩草・續編》原稿本的發現〉，《東方人文學誌》一卷一期第 139～172 頁，2002 年 3 月。

　　　林翠鳳選注《黃金川集》，臺南：國立臺灣文學館，2012 年 12 月。

話文論、詩話謎猜等俱有所作。可以說，鄭坤五是日治時期以來，臺灣古典文學界最具代表性的文人之一。然今人對其創作多無從見及。以「書癡」聞名的漢學名家黃哲永先生就曾提及鄭坤五作品整理的重要性，東海大學中文系吳福助教授也深表認同，鼓舞筆者投入。筆者深感鄭坤五對臺灣文學史的重要性，願意持續為臺灣古典文學進行文學文獻發掘整理的工作，再則也透過鄭坤五多元化的文學創作，延伸探索的觸角。

第二節　文獻回顧

一、學位論文

　　針對鄭坤五所作的學術研究，迄今未見博士論文出現。以碩士論文而言，則截至目前為止，亦僅見民國 91 年（2002）6 月東海大學中文研究所李陸梅完成《鄭坤五《鯤島逸史》研究》，這是臺灣地區第一本專論鄭坤五作品的學位論文。

　　除此之外，其餘論文有言及鄭坤五者，皆為旁涉，未成專論。但仍有可參考的價值，茲依時序列舉近年論文如下：

　　1. 張桂華《苦悶時代下的文學——一九三二年《南音》的文學訴求》，國立成功大學歷史研究所 88 年（1999）碩士論文。

　　2. 黃文車《黃石輝研究》，國立中正大學中國文學研究所 89 年（2000）碩士論文，有單獨一節論及黃石輝與鄭坤五之間交遊的情形。

　　3. 陳淑容《一九三〇年代鄉土文學・臺灣話文論爭及其餘波》，臺南師範學院鄉土文化研究所 89 年（2000）碩士論文。

　　4. 張溪南《黃海岱及其布袋戲劇本研究》，國立中正大學中國文學研究所 90 年（2001）碩士論文。

　　5. 陳瑞明《臺灣閩南語諺謠研究》，國立高雄師範大學國文教學研究所 90 年（2001）碩士論文。

　　6. 陳韻如《郭秋生文學歷程研究（1929～1937）》，東吳大學中國文學研究所 90 年（2001）碩士論文。

　　7. 陳春美《鄭坤五文學觀念研究》，國立臺北教育大學臺灣文學研究所碩士論文，2003 年 9 月。

二、專書

就專書而言，似乎要到近年才得見相關專書的出版，並且幾乎都是高雄地區的在地文史愛好者的作品。即使是生於中臺灣的筆者，也因與高雄有地緣關係，才得以與鄭坤五文學結緣。筆者知見專書如下：

（1）最早為民國85年（1996）由高雄縣立文化中心（今文化局）出版的《鯤島逸史》（上、下）。這套書由鄭坤五哲嗣鄭麒傑設計封面、鄭坤五九曲堂同鄉羅景川補訂，別具意義。鄭麒傑承其先嚴的繪畫天分，擅長油畫；羅景川與鄭麒傑有同窗之誼，素來喜愛鄭坤五《鯤島逸史》，積極大力推介。前後兩代三人的合作，足為出版界的一段佳話。

（2）民國89年（2000）羅景川《鄭坤五和鯤島逸史——臺灣鄉土文學先進鄭坤五先生及其代表作鯤島逸史》〔註5〕。羅氏自幼聽聞鄭氏相關事蹟甚多，心儀《鯤島逸史》之作，「可以說是鄭坤五的第一個文學知音」〔註6〕。本書以鄭氏的生平與其小說《鯤島逸史》為軸心，加以深入探析，對瞭解鄭坤五其人其書，頗有精彩之處，曾榮獲中央研究院近代史研究所八十九年地方文獻出版品評鑑推薦獎。

（3）民國90年（2001）謝松山《新舊文學轉捩點的鄭坤五先生》〔註7〕。本書主要是彙整前人見解，概述新舊文學遞變中鄭氏的角色。為高雄縣文化局獎助作品。

（4）林翠鳳主編的《鄭坤五全集及其評論》〔註8〕。本書在編撰小組成員吳錦順、羅景川、胡巨川、吳中、吳福助、黃哲永（謹依齒年序列）諸位前輩的鼎力相助下，已於民國93年（2004）秋季出版，為文建會獎助作品。本書為大樹文史協會計畫提案，因此內容特別選錄與大樹鄉比較相關的鄭坤五作品，內容分為二編：

其一為鄭坤五著作，共收錄經編撰小組校訂後作品五個單元，分別是：〈大樹庄勇士黃輕〉、〈九曲堂詩選〉、〈迎春／消夏小唱〉、〈讀史管見〉、〈蓬

〔註5〕羅景川《鄭坤五和鯤島逸史——臺灣鄉土文學先進鄭坤五先生及其代表作鯤島逸史》，高雄：山林，2000年3月初版。

〔註6〕見彭瑞金〈冷眼熱心論「鄉土」——簡評羅景川《臺灣鄉土文學先進鄭坤五先生及其代表作鯤島逸史》〉，收在羅景川《鄭坤五和鯤島逸史——臺灣鄉土文學先進鄭坤五先生及其代表作鯤島逸史》第130頁。

〔註7〕謝松山《新舊文學轉捩點的鄭坤五先生》，高雄：春暉，2001年。

〔註8〕林翠鳳主編《鄭坤五全集及其評論》。鳳山：華泰，2004年8月。

萊清籍〉。其中〈大樹庄勇士黃輕〉、〈九曲堂詩選〉均為首次公開發表。

其二為鄭坤五及其作品相關評論，共收錄諸家近期作品四篇，分別是：羅景川〈看《鯤島逸史》談河洛語兼論臺灣人〉、吳福助〈鄭坤五作品中的女子教育理念〉、林翠鳳〈鄭坤五《九曲堂時文集》與臺灣戰後初期的時局時政〉、林翠鳳〈詩人畫家──鄭坤五〉。

（5）林翠鳳主編《鄭坤五研究【第一輯】》〔註9〕，亦繼前作，已於民國93年（2004）冬季出版，此為高雄縣文化局獎助作品。內容主要就鄭坤五文學中的漢詩與小說兩大主題作品，仿前書體例，分為三部：

其一為鄭坤五作品集，共收錄經編撰小組校訂作品六個單元，分別是：〈九曲堂詩草〉、〈九曲堂詩集（一）〉、〈坤五詩話〉、〈活地獄〉、〈火星界探險奇聞〉、〈華胥國遊記〉。其中〈九曲堂詩集（一）〉首次公開現今所知鄭氏最早的詩作，僅見於手稿本；〈火星界探險奇聞〉、〈華胥國遊記〉二作為首度公開披露，〈活地獄〉亦為沈寂一甲子之後，首度完整重刊。

其二為鄭坤五研究論文集，收錄諸家近期作品，分別是：胡巨川〈鄭坤五與太瘦生〉，與林翠鳳〈鄭坤五手稿文件的文獻考察〉、〈鄭坤五及其《九曲堂詩集》初探〉、〈鄭坤五及其虎詩初探〉等共四篇。

其三為後記，收陳星平〈鄭坤五藏品──硯臺〉、林翠鳳〈追蹤鄭坤五身影〉二篇短文。

從上列專書看來，關於鄭坤五文學的研究，以受高雄縣文化局支持出版者為最多，反映鄭坤五及其文學，具有強烈的地方文學的意味。

三、報刊論文

（一）在書報錄介文字方面

目前所知最早為民國66年（1977）12月28日《臺灣時報》12版大樹鄉人士莊金國發表的〈鄭坤五軼事〉，憶述鄭坤五生平事蹟。

民國74年（1985）照史（林曙光筆名）著〈鄉土文學先驅鄭坤五〉，收在氏著《高雄人物述評（第二輯）》〔註10〕中。林曙光以其身為記者的敏銳，悉心追索鄭坤五的相關生平資料，點滴匯聚為此文，提供後世許多寶貴可信

〔註 9〕林翠鳳主編《鄭坤五研究【第一輯】》。臺北：文津，2004年11月。
〔註10〕照史〈鄉土文學先驅鄭坤五〉，收在氏著《高雄人物述評（第二輯）》第81至100頁。高雄：春暉，1985年8月30日。

的資料，對保存鄭坤五早期資料，深具貢獻，十分難能可貴。

民國 84 年（1995）3 月 28 號《民眾日報》羅景川發表〈臺灣鄉土文學先進——鄭坤五〉一文。這篇短文可說是羅氏後來《鄭坤五和鯤島逸史——臺灣鄉土文學先進鄭坤五先生及其代表作鯤島逸史》一書的前身。

類似如此在書報上發表的短文，還有莊金國〈「苦熱」聯想〉〔註11〕、莊永明《臺灣紀事》〔註12〕諸文。

（二）在單篇學術論文方面

A. 凡與 1940 年代新舊文學論戰相關的論文，大多會涉及鄭坤五論戰主張的探討，歷來討論者眾，茲舉其大要者如下：

1. 民國 43 年（1954）廖漢臣〈新舊文學之爭——臺灣文壇一筆流水帳〉〔註13〕。

2. 民國 89 年（2000）施懿琳〈日治時期新舊文學論戰的再觀察——兼論其對臺灣古典詩壇的影響〉〔註14〕。

3. 民國 90 年（2001）葉連鵬〈重讀日據時期臺灣新舊文學論戰〉〔註15〕。

4. 民國 91 年（2003）黃美娥〈醒來吧！我們的文壇——再議 1941 年至 1942 年臺灣新舊文學論戰〉〔註16〕。

B. 關於鄭坤五思想的研究，有民國 92 年（2003）吳福助〈鄭坤五作品中的女子教育理念〉〔註17〕，這是針對鄭坤五女子教育理念進行研究所發表的第一篇論文。運用最新發掘的《屏東女中校刊》創刊號〔註18〕所載〈屏東

〔註11〕見鄭家剪報，未詳報刊名、年月。

〔註12〕莊永明《臺灣紀事》（上）第 320～321 頁，臺北：時報文化，1989 年初版。

〔註13〕廖文原載《臺北文物》3 卷 2、3 期，1954 年 8 月 20、21 日。後收在李南衡主編《日據下臺灣新文學明集 5‧文獻資料選集》第 410～457 頁，臺北：明潭，1979 年 3 月初版。

〔註14〕施文見氏著《從沈光文到賴和——臺灣古典文學的發展與特色》第 229～269 頁。高雄：春暉，2000 年 6 月初版一刷。

〔註15〕葉文見《臺灣文學學報》第 2 期第 40～41 頁，臺北：政治大學中文系，2001 年。

〔註16〕黃文原發表於 2002 年 4 月 13 日東海大學主辦「日治時期臺灣傳統文學研討會」，後收在東海大學中文系主編《日治時期臺灣傳統文學論文集》第 322～362 頁。臺北：文津，2003 年 2 月初版一刷。

〔註17〕吳文原發表於東海大學中文系主辦／編輯《戰後初期臺灣文學與思潮國際學術研討會論文集》第 26～45 頁，2003 年 11 月 29～30 日。

〔註18〕《屏東女中校刊‧創刊號》民國 37 年（1948）4 月 3 日出版。此創刊號由屏東女中前總務主任方玉成老師提供私人珍藏。

女中賦〉，以及鄭坤五相關手稿及作品，獨闢蹊徑，詳細考釋，是一新耳目之作。

C. 再者，關於鄭坤五白話詩研究，有民國 87 年（1998）呂興昌〈論鄭坤五的「臺灣國風」〉〔註19〕，以作者所藏、堪稱為「海內外孤本」的《臺灣藝苑》為根據，集中闡述鄭坤五在該刊物中所發表的臺語歌謠「臺灣國風」的內容和意義，是以專題討論臺灣國風的第一篇論文。後來民國 89 年（2000）施懿琳〈民歌采集史上的一頁補白——蕭永東在《三六九小報》的民歌仿作及其價值〉〔註20〕一文，以鄭坤五摯友蕭永東為討論對象，文中亦多涉及鄭坤五理念。

D. 在鄭坤五的生平事蹟上，民國 91 年（2002）胡巨川〈鄭坤五與太瘦生〉〔註21〕最具代表性。胡文累積翻檢《臺灣日日新報》、《臺南新報》的點滴所得資料，以及鄭坤五傳世文字等一手文獻，以實證精神逐步鉤稽二人交往的歷程與歷年活動，值得為學者仿效。

如上數類論述，乃分別就鄭坤五在小說、文學論戰、歌謠等方面的成績進行探討，其餘文章言及鄭坤五者亦多為旁涉而已，未成專論〔註22〕，不再舉列。可知對於鄭坤五及其作品，尚有相當大的研究空間，尤其是對其漢詩、雜文的探討更是付之闕如。學界對於鄭坤五作品更大幅度的呈現，有一定程度的需求與期待。可見整理鄭坤五作品使之面世，必將能提供學者在從事後續研究上的便利。

E. 筆者近年致力收羅鄭坤五作品，也陸續將階段性成果整理發表，並優先將其文學文獻的初步研究公開，以期拋磚引玉，開闢門徑，讓鄭坤五及其文學能提供有識者所用。其中〈鄭坤五手稿文件的文獻考察〉一文，全面綜

〔註19〕呂文原發表於清華大學中文系主辦「臺灣民間文學學術研討會」論文，1998年 3 月 7～8 日。又載「臺灣文學研究工作室」：http://ws.twl.ncku.edu.tw/hak-chia/l/lu-heng-chhiong/tenn-khun-ngou.htm。

〔註20〕施文原發表於中興大學主辦「第二屆雅俗文學研討會」論文，2000 年 3 月 10～11 日。

〔註21〕胡文原載於《南臺文化》季刊 2002 第四期第 34～40 頁，2002 年 12 月。已收錄於林翠鳳主編《鄭坤五研究【第一輯】》第 279～298 頁。

〔註22〕例如：有楊永彬〈從『風月』到『南方』——論析一份戰爭期的中文文藝雜誌〉一文，綜合論述了《風月報》的改題、刊物內容的分類論析、作者群的表現與彼此關係等多方面的觀察，綱舉目張，富於洞察，足顯其以簡御繁的治學才能。其中略有言及鄭坤五《蓬萊清籟》者，但所言往往寥寥數語，旨在介紹，未有析論。

論截至當時所見鄭氏手稿文獻的整理實務心得報告，是就其文學文獻作全面性系統介紹的第一篇論文。又〈鄭坤五及其《九曲堂詩集》初探〉是「鄭坤五漢詩探究的第一篇著作」〔註23〕，〈鄭坤五《九曲堂時文集》與臺灣戰後初期的時局時政〉統合呈現鄭坤五主編的《光復新報》與《原子能新報》的具體內容與發刊背景，可以提供光復初期高雄地區報刊史部分相關史料。

　　整體看來，關於鄭坤五的研究，長期以來主要集中在其新舊文學論戰期間的思想討論，其次是其《鯤島逸史》的小說意義。近來隨著文獻的出土，已經延伸到其白話詩的關注。而筆者也陸續推出關於傳統漢詩、報紙時文（雜文），甚至是其題畫詩、繪畫藝術等方面的議題，期盼能從多方面瞭解鄭坤五的文學多面性。

第三節　研究方法與相關困難

　　由於前述諸般因素，讓臺灣古典文學研究的進展，必須高度依賴田野調查及文獻解讀。關於鄭坤五及其文學的研究方法，也主要建立在此認知上。藉助立體式的田野調查，以現代的科技優勢，博徵各式資料，包括圖版、影像、文物……等等；同時進行平面式的文獻書面化，以文獻的彙整為基礎階段，以利用所得文獻進行分析研討為進階。綜合述與論二方面，希望更全面地呈現鄭坤五其人其作。

　　由於鄭坤五生前結集成冊出版者僅小說《鯤島逸史》一書，其餘則或零落於當時各詩歌吟會，或散見於大小報刊雜誌，或存於師友往來文書，或私人筆記，未必發表。因此搜集鄭坤五作品，除了其家族收藏的部分遺稿外，尚且需要透過檢閱大量相關文獻來加以充實，包括日治時期至戰後的大小期刊、雜誌，以及已出版和未出版的各類別集、總集、小冊等文書。詳細進行步驟如下：

一、訪求遺稿

　　對鄭坤五遺稿進行廣泛的訪求收集。此舉最大的困難在於很難做到周全。包括人事已非、文稿佚失……等等不同的原因，都可能使訪求事倍功半，

〔註23〕拙作特約討論人臺灣師範大學國文系教授莊萬壽語，見林翠鳳〈鄭坤五及其《九曲堂詩集》初探〉之「特約討論」，收在東海大學中文系主編《日治時期臺灣傳統文學論文集》第71頁。

導致結果的未如預期。因此宜多訪其親族友人，以搜索其存世作品；另外則是多訪諸民間藏書家，盡力補充，以力求完備。

二、辨識原稿筆跡

原稿獲得之後，即進行作者筆跡的辨識。以目前所見原稿頗有刪改、移置、潦草之處，甚至部分遭墨水渲漬以致模糊的痕跡，在在都是費力的考驗。欲破除此一過程的困難，除了加強閱讀以熟悉作者書寫習慣之外，必要時則可請求家屬就其認知協助辨識，甚至邀請擅詩名家協同判讀之。

三、收集報刊作品

對已發表於各報刊的作品力求廣泛收錄，以補原稿的不足；並得與原稿相互參校，既可協助辨識，也可比較其間異同。主要包括有：

（一）報刊雜誌

日治時期多種報刊雜誌，最重要的有明治 31 年（1898）至昭和 19 年（1944）的《臺灣日日新報》、日治時期大正 10 年（1921）至昭和 12 年（1937）出版的《臺南新報》微卷 21 卷，皆為研究日人據臺實況的重要資料。另有《詩報》、《臺灣時報》、臺灣總督府各州廳縣市報等期刊、報紙等等。

（二）微影資料

臺灣總督府檔案、國科會相關研究報告微卡等相關資料，都將對研究工作有所助益。

但困難的是，臺灣日治時期以至光復初期報紙雜誌的出版雖然可謂蓬勃，然而因為政治、社會等因素，其保存情況多有缺損不全。即使明知曾有此刊物，亦難以尋得蹤跡。如鄭氏所主編的《光復新報》即為一例。但縱使如此，此一步驟仍有其進行之必要。

四、審慎校勘

取得作品文獻後，初步加以版本鑑定，以作者手稿、作品的最初刊本等一手資料為基底，繼而就不同版本間的異同、或作者不同時期的修改增刪，加以比對校勘，逐一條列註明，盡量忠實而正確地呈現作品原貌。

五、彙編

綜合上述三項工作的結果，編輯鄭坤五作品的合集。以目前瞭解，作品總數篇幅龐大。此一工作需經過影像掃瞄、中文輸入、造字校對、編輯排版的步驟，運用現代電腦科技，希望將鄭坤五的相關影像資料與文字資料，作盡可能完備的編輯。

六、分析研究

綜合第（一）至（五）項工作，在整理鄭坤五及其作品的實務經驗與成果上，進一步針對其生平、文學、時代意義等多方面的分析探討，闡幽揚微，開發鄭坤五及其文學作品的內在意義與價值，撰寫《鄭坤五及其文學研究》論文。

研究基礎在於文獻的確實，然所見鄭坤五文學文獻卷帙博雜多類，在整理與閱讀上都有一定的困難。尤其是手稿部分，有詩人親筆字跡草寫難辨者，也有水漬墨渲，模糊不易辨識者，諸如此類皆提高了編輯校勘的挑戰性。解決途徑，當秉持三心法則──耐心、細心、用心，當是將錯誤減到最低的不二捷徑。

本論文撰寫過程中，大量使用筆者透過田野調查所得的一手資料，包括手稿、證件、圖像、束箋、書畫、絕版書等，甚至是訪談口述、踏查見聞等等，經由這些材料的確實性，希望能夠讓作家作品的研究更加立體化，讓案頭研究能更緊密地與真實土地結合，具像呈現作家的在地性，與文學生活化的本質。其中有許多材料不易獲見，特別是鄭坤五的許多詩文作品，因此，筆者在行文中，將不辭繁瑣，盡量引錄相關作品或資料的原貌，提供閱讀者盡量等同於筆者的認知基礎。包括手稿原文的校注後抄錄、圖面的貼附、表格的整理、背景的交代、出處的註明等等。

第四節　預期目標

觀察鄭坤五個人的文學表現，大多是以傳統文學為基底，他的勤於琢磨詩筆，使其舊文學的運用十分流暢，創作成果堪稱豐富，也比較能深入地體會傳統文學的優勢與困境；興趣加上使命感，鄭坤五樂於投稿，分享個人見聞思想，進而辨明是非，啟發社會智識，在文學論戰中的極力維護舊詩，正表現出鄭坤五以傳統文人自居的堅持；他始終熱心參加南北各地詩文社的活

動，自臺灣光復前至光復後，他長期身為鳳岡吟社的代表人，至死而後已，旺盛的文學活動力也展現出對傳統文學堅持與愛好的毅力。

筆者懷著踏實為學的信念，從實地逐字整編作家作品的基本功做起，將相關於作家與作品的相關文學文獻，盡量力求收羅完善，並對鄭坤五多樣化的文學作品進行綜合性的整理和研究，希望能為傳揚先賢在地文學，略盡一己之棉力。

本論文的完成預計概括二大階段：其一為基礎文獻的彙整，在於初步完成鄭坤五作品的整理編輯；其二為綜合的文學藝術研究，在前者的基礎上進行分析論述。並且力避與前人的過度重疊，期許再開新徑，以拓展對鄭坤五文學的認知層面。關於前者，筆者目前已大致完成相關彙編，並已出版《鄭坤五全集及其評論》與《鄭坤五研究【第一輯】》二作，可以提供欣賞鄭坤五文學的部分精彩作品。

後者則為本論文的撰寫。本論文的研究基礎，端賴於對鄭坤五各類型作品的全面性掌握。對於以文學寫作為職志的鄭坤五作品之深入探討，特別是其存世作品的呈錄與文學內涵的論析闡發，期盼將能有助於呈顯臺灣前輩作家具體的文學創作成績，並據以體現新、舊文學在遞變期間的轉折與意義，進而勾勒出近代臺灣文學史上的脈絡與成果。最終能夠為臺灣文學的豐美，再添一位可歌可頌的先賢佳品。

第二章　文學生平歷程

　　鄭坤五，清光緒 11 年（1885）7 月 16 日生，卒於民國 48 年（1959）4 月 12 日未時〔註1〕，享年 75 歲。他是臺灣重要的本土文學作家，是臺灣文學發展過程中不能忽略的前輩。

　　綜觀目前對於鄭坤五生平整理較具系統者，主要有二：其一為照史《高雄人物述評（第二輯）》中〈鄉土文學先驅鄭坤五〉一文，作者以其記者探索的精神，點滴收集事蹟材料，彙編而成，十分用心用力；另一為與鄭氏同鄉的羅景川《鄭坤五和鯤島逸史》一書中就其難得的同鄉見聞及文獻，析論其所偏好的《鯤島逸史》當中的內涵，並結合鄭坤五個人的言行軼事，要言不繁地描述出鄭氏生活化的形象，使讀者對他能有更親切深入的認識。此二者皆極為用心地廣為蒐羅彙編，資料十分豐富，是瞭解鄭坤五的最重要根據之一。

　　本文意欲以強調鄭坤五的文學生命歷程為主題，因此透過田野調查，廣集各式鄭氏相關文物和記錄，包括訪談、實物文件和手稿、已發表等作品，讓鄭坤五為鄭坤五自己顯像，讓作品說出作者內在的心聲。

第一節　鄭坤五名號

　　鄭坤五一生以文藝經營為職志，所使用過的名號，自然也頗有可觀。以目前所見，共得如下十種名號。茲分述如下：

〔註 1〕據鄭坤五墓碑銘文。

一、「鄭坤五」、「坤五」、「坤」

　　這是鄭坤五本名，鄭氏的署名以本名及其簡稱最為常見。包括漢詩、小說、雜文等絕大多數作品皆以本名示之。例如：《詩報》所見漢詩、詩話、「墨戲」；《三六九小報》中的《大陸英雌》、「話柄」、「實若虛」、「種花小語」、「讀史管見」、「迎春小唱評」、「海口大學講座」、「滑稽詩話」、「開心文苑」、「太空論壇」；《南方》中的文學論戰、《鯤島逸史》；《九曲堂時文集》中大部分社論……等皆是。偶而附書服務單位，如「高一中　鄭坤五」、「省立高雄一中　鄭坤五」〔註2〕。

　　經常性地使用本名，當可視為鄭氏勇於負責、樂於面對的一種寫作態度，也同時是其個人性格的一種顯現。

二、「友鶴」、「友鶴氏」

　　鄭坤五號「友鶴」、「友鶴氏」。「友鶴」名號見於《詩報》「也是詩話」、《九曲堂時文集》〔註3〕等，特別是鄭坤五的繪畫款識必署「友鶴」。以現今所能得見的六幅親筆畫作的款識來看，有題作「友鶴詩畫」，如〈松煙圖〉、〈紅葉圖〉、〈雪山圖〉、〈桃源圖〉、〈猛虎圖〉者；有題作「友鶴并題」，如〈千仞圖〉者。「友鶴氏」則見於其藏書封面簽名。

　　友鶴之意蓋取「與鶴為友」的意義，顯示個人對閒雲野鶴的嚮往，性情上清高不羈的趨向，也以此凸顯內在文雅的風尚。如其〈移居〉詩言：

> 己未年當炎夏初，移吾家住愛吾廬。鵲巢卻喜容鳩占，蝸舍何妨約鶴居。小拓方庭安竹石，聊分斗室置琴書。生無大慾存心曲，到處歡常得有餘。

　　鄭坤五曾自言個人性喜畫山水，正好也與「友鶴」之名相互輝映。鄭坤

〔註2〕鄭坤五於民國35年7月1日受聘為省立高雄第一中學國文專任教員，民國36年4月1日續聘為歷史教員與初一導師。參見「鄭坤五年表」。署名「高一中　鄭坤五」的作品例如：《九曲堂時文集》中的〈奉勸同胞破除迷信謹守衛生防遏虎疫〉，雖未註明發表日期，但應為民國35年下半年以後之作。署名「省立高雄一中　鄭坤五」的作品例如：民國36年（1946）10月31日《光復新報》上的〈恭祝　蔣主座花甲延壽賦（韻用「龍馬精神海鶴姿」）〉。

〔註3〕例如見昭和18年《詩報》9月24日第303號、10月11日第304號、11月1日第305號「也是詩話」專欄之〈諧音借對法〉、〈李笠翁誤駁宋子京〉、〈省字法〉。
又，《九曲堂時文集》之〈統治臺灣的管見〉。

五題畫詩中多有以鶴入詩者，其中〈題松上鶴〉一題，達九首之多，詩中不時藉由鶴的形象，襯托出世獨出的寄意，其詩有曰：

> 老松頂上作雙棲，雪羽霜翎一樣齊。骨格絕勝鸞鳳俗，豐標何止壓群雞。（其一）

> 長松拔地參差綠，鶴侶忘機日相逐。自由世界本來寬，應悔當年食衛祿。（其四）

> 等閒不共守梅花，知別孤山處士家。松實可餐天地闊，悠悠隨處是生涯。（其八）

詩中寫出鶴的羽色白如霜雪，風姿出塵脫俗，以擬喻為人的潔身自好，清高風骨；也以鶴的振翅凌霄遨遊，擬喻處世的自由自在，不受拘執。詩人的描寫松上白鶴，無非也在表達塵世中的自我心志。證之於「友鶴」一號，可知鄭坤五正是以「鶴」作為文人內在理想的一種表徵。

三、「虡老」、「虡」

鄭坤五號「虡老」、「虡」。在本名之外，鄭坤五最常用的筆名，首推「虡老」。此號見於《三六九小報》「消夏小唱評」、《九曲堂時文集》等作中。

鄭氏取名「虡老」，其意何在？查許慎《說文解字》：「虡，虎行貌。從虍文聲。」後世常引伸為威猛、恭敬之意。則「虡老」可謂為「虎老」，言虎雖老而仍為虎，以之喻人，乃身軀雖可老而心志仍如猛虎。鄭坤五正是藉以表明自己老而彌堅，壯志不減當年，真是小小筆名而豪氣萬千。這與鄭坤五素來的好於畫虎、喜作虎詩，在精神上是一脈相貫的。足見作家的內心，極大地嚮往著虎的性格與形象，虎的勇敢、權威、堅忍、美麗……等等特質，其實是外表高大清瘦的鄭坤五，內在的真正性格。也難怪其筆下少見溫軟雕麗之作，反倒是常常以筆代刀，批古論今，意氣勃勃，不落人後。

唐朝有名家「鄭虔」，以詩、書、畫三絕聞名於當時，唐玄宗曾御筆題書「鄭虔三絕」稱譽之。坤五或許有續承鄭虔文藝以自勉的意味，但在鄭虔後加一「老」字，也有英雄出少年，後浪推前浪，意欲超越前人的自信的諧謔意味。

四、「駐鶴軒主人」、「駐鶴軒主」

鄭坤五號「駐鶴軒主人」、「駐鶴軒主」。前者可見於《三六九小報》「諧

鈴」、「滑稽詩話」專欄等〔註4〕；後者僅見於《三六九小報》「滑稽詩話」之
〈野僧歡喜〉一則〔註5〕。

此名號之用意與「友鶴」相輔相成。鄭坤五早年作〈移居〉一詩，誌其喬
遷之喜，詩中有「己未年當炎夏初……蝸舍何妨約鶴居」句，己未年即大正8
年（1919），顯示鄭坤五至少自青年時期即喜愛鶴的形象。「鶴居」之意恰與
「駐鶴軒」相類同，如其〈移居〉所言「生無大慾存心曲，到處歡常得有餘」，
清新自在，一如野鶴的徜徉天地，適性悠遊，才是詩人的心志。所謂「等閒不
共守梅花，知別孤山處士家」（〈題松上鶴〉其八），蓋身居市朝，而心向鄉林，
雖然他無法一如宋代林逋的梅妻鶴子般，但尚且還能作為「駐鶴軒」的主人，
亦聊可一慰風雅的渴望。

由已故前高雄市文獻委員會委員許成章（1912～1999）所收藏提供的鄭
氏詩稿，取名曰《駐鶴軒詩集》〔註6〕，也必然是淵源自鄭坤五之字友鶴，號
駐鶴軒主人所來。

五、「海口博士」

鄭坤五號「海口博士」，見於《三六九小報》昭和6年2月19日48號4
版起「海口大學講座」專欄署名「海口博士講義」。

此一名號自是為了與專欄名稱相互呼應所為。究其意義，頗有「信口開
河」、「誇下海口」的意味。觀其「海口大學講座」諸篇內容，率皆取古人故事
再以其創意別見詮釋之，其寫作宗旨不在辨析學術，而在滑稽新解，即使曲
意背實亦在所不辭，大體相類似於其「滑稽詩話」、「墨戲」等專欄的風格。試
節錄其第一課〈舉案齊眉〉為例：

> 舉是夯，案是案桌，齊眉是棍棒教師所用的槌子，俗叫齊眉槌。……
> （孟光）見夫君把他當作別人，全無留一點的戀愛，禁不住的便生

〔註4〕見昭和7年《三六九小報》2月3日150號3版、2月6日151號4版、2月
　　　16日154號3版「諧鈴」之〈看時鐘〉、〈貧富之差〉、〈我知道了〉；5月19
　　　日182號4版「滑稽詩話」之〈近代人智日開〉。又，年2月9日152號3版
　　　〈未出生前的事〉、2月19日155號3版〈鈍的鋸子〉二文亦署「駐鶴軒
　　　主人」。
〔註5〕見昭和7年5月19日《三六九小報》第182號4版「滑稽詩話」之〈野僧歡
　　　喜〉。
〔註6〕鄭坤五遺作《駐鶴軒詩集》，收在《高雄文獻》第8期第131～137頁，1981
　　　年9月。

氣了。發出他天生的蠻力，舉起案桌拚命打來。梁鴻也不甘示弱，
拿著齊眉棍招架過去。這一場活生生劇目，就叫做「舉案齊眉」了。

「舉案齊眉」原意在標舉夫妻閨房中恩愛甜蜜，到了海口博士講義中，卻成了夫妻間棍棒齊飛的全武行戲碼，真是令人跌破眼鏡！不過，既是「海口」之說，誇張聯想也就勢在必然，能博看倌們會心一燦，也就足夠了！

六、「奇迂生」

鄭坤五號「奇迂生」，僅見於昭和 2 年（1927）4 月 15 日出刊的《臺灣藝苑》第一卷一期的〈臺灣國風序〉文末署名「九曲堂奇迂生坤五」。

此名號之意義，源自〈臺灣國風序〉中所提及，當時一般人對民間褒歌不屑態度的慨嘆，該文中說道：

> 凡宴飲間有北妓在座時，余每丐其一唱，時人多目褒歌為俗鄙不堪，
> 而笑余為**奇迂**。實不知笑者之居心何在也？

對於時人多目褒歌為鄙俗不堪，鄭坤五深深不以為然，他將別人用來嘲笑他的「奇迂」，取來作為自號，除了以此自我嘲弄之外，主要的用意，其實是藉此反諷一般無知者的迂腐膚淺，也同時以此深寄個人對民間歌謠價值重視的態度。

七、「鄭軍我」

鄭坤五號「鄭軍我」，僅見於大正 14 年（1925）1 月 29 日《臺南新報》8244 號〈致張我軍一郎書〉開頭提稱「鄭軍我致書於張我軍足下」。

此名號的取定自是淵源於「張我軍」之名。兩人名號僅姓氏相異，其一別苗頭的意味甚濃。試看鄭文有曰：

> 末學、足下初無半面，決不敢以惡意相加，惟憐足下前此有無心之
> 失，恐激成眾怒，故特具婆心，警告一二，以促足下反省，深望知
> 過必改，取消不遜文字。

張我軍厲聲指斥舊學，態度不馴，大大引起鄭坤五的不滿，鄭坤五不僅提筆反駁，文中更是毫不隱晦其警告教訓的意思。即使在名號上也巧用心思，不甘示弱。這樣的氣勢，其實一直延續至昭和年間，在《南方》半月刊上激烈的新舊文學論戰上。

八、「其鈐」

鄭坤五號「其鈐」，曾見於其剪報《九曲堂時文集》中的〈姑妄言之〉一文〔註7〕。「其鈐」一名實為鄭氏之子「鄭麒鈐」的同音轉用。鄭麒鈐為鄭坤五與三娘黃秀涼女士所生的長子〔註8〕，距離與原配所出的長子麒南，已有相當年歲〔註9〕。鄭麒鈐的出生讓年華漸老的鄭坤五感到十分開心，他曾賦〈晚年復得麒鈐喜其學步如醉人〉一詩，表述其心境，詩曰：

> 不到中年愛不知，非關得子較人遲。鈐兒學步如扶醉，酷似阿爺中酒時。

看到年幼的孩子顛顛學步，可愛的模樣像極了醉酒的自己，怎能不教人打從心底開懷？這樣的歡喜，也表現在名號上。鄭坤五以其子之名為號，一方面有中年得子的驕傲宣名，一方面也有為子留名的為父用心。

九、「不平鳴生」

鄭坤五號「不平鳴生」，見於《光復新報》「短論」專欄〈希望火車站員自肅〉〔註10〕一文。

「不平鳴生」可望文知意，意在既見不平，為發大鳴之聲，鄭氏此名乃期許能手握隻筆為眾民發聲。試看這篇署名「不平鳴生」的文章如何發出不平之聲：

> 在民權確立的民國，就是為大總統的職分，也是民眾的公僕……這是因為民眾每個人，都有國家主人翁的權利，同時也有負擔國家的貢獻，以促進國運的興隆。故凡國內正當的事，當看做自己的事，辦理或助力的義務，切不可藉權利驕人的。乃現在每有不自覺者，凡得一職份，便趾高氣揚，睥睨人群，殊屬不該，更有一部分最下級的人物，如火車站伕，他的職份不過是火車站內雜差而已，乃有

〔註 7〕〈姑妄言之〉未註明刊登報紙時間。雖亦未詳登於何報，惟不外《光復新報》或《原子能報》二者之一。

〔註 8〕鄭坤五與黃秀涼女士生麒鈐、麒雄、麒鍈、麒豪、麒賢、麒傑六子。據照史〈鄉土文學先驅鄭坤五〉，收在氏著《高雄人物述評（第二輯）》第 81 至 100 頁。高雄：春暉，1985 年 8 月 30 日。

〔註 9〕鄭麒鍈大約出生於大正晚年。鄭麒南大約出生於日治初年。

〔註10〕《光復新報》〈希望火車站員自肅〉原刊於民國 35 年 12 月 20 日，剪貼於《九曲堂時文集》。

> 一部不自量者，對旅客態度傲慢，全不知他是公僕最下級的人物，
> 也敢對一面是主人翁，一面是主顧客無禮，實屬百二十分的不該，
> 譬如……
>
> 希望火車當局，對這一部傲慢不自量的小職，嚴重責督，務使對客
> 慇懃親切，肅整通勤站伕，對著旅客無坐位時，必當起身讓給老人、
> 女子坐位，何況是火車雜役呢？

對於火車站員的未能盡責讓座、態度不夠謙恭，作者站在對「公僕」的理解
上，以國家建設，人人有責的使命感，義正辭嚴地指出基層人員的缺失，期
使全國上下能同心協力，積極建設一等的社會，早日具備強國的實力。文中
所述雖是小事，卻足見作者「潰堤由細」的憂患意識。

十、「小老人」

鄭坤五號「小老人」，見於光復初期民國 40、41 年（1951、1952）他向
蔣中正總統兩度提出的建言書手稿中。

鄭坤五接受總統召見是在民國 40 年，時當 67 歲的老年時期。但面對一
國元首，理當不能倚老賣老，故特標一「小」字，以示謙稱。第一年建言書中
所稱「蔣總統閣下是小老人生平最景仰……野叟曝言」，正是他的態度。在第
二年的建言書中他自作七絕一首，以表心意，其詩曰：

> 能得閒時未肯閒，愧無一策濟時艱。丈夫不負興亡事，俯仰羞生天
> 地間。

行年已至 68 的鄭氏，極力想表達「國家興亡，匹夫有責」的心意，因此「一
息尚存，不能忘懷國事，欲盡愚者千慮，亦有一得之誠，是故不揣固陋，聊舉
一端，冒昧上陳。」〔註11〕人老志不老，鄭坤五在以「小老人」為名號的諸
項條陳中，清楚地顯示他關懷時政，力圖貢獻國家社會的心意。也藉由大膽
上書，善盡知識份子一言以興邦的義務，表達對當政領袖的忠貞赤誠。

第二節　光緒晚期——在臺灣與漳浦之間
　　　　　（1885～1899）

關於鄭坤五的生平，筆者在前賢研究成果的基礎上，結合鄭氏哲嗣鄭麒

〔註11〕見手稿本〈建言書序〉（標題為筆者所擬）。

傑先生慷慨借閱的各項收藏文件，以及收羅自各報刊文獻的資料，嘗試更詳細地勾勒出鄭坤五的生命歷程。首先，由其生前手稿中得見鄭坤五手書的〈自傳〉一篇。這是一篇極為簡略的自傳，卻是詩人晚年以其顫抖的雙手對一生所作的簡單回顧，可說是陳述詩人生平的一手資料，文獻價值十分珍貴，茲將全文移錄如下：

> 先君諱啟祥，原前清南路營把總，被調入水師為管帶，守打狗港，隸劉永福部下。民□年〔註12〕日軍上陸，家君負傷入觀音山，旋偽裝平民帶家族歸還故鄉漳浦。余年十五歲，以初童應試，適先君棄養，家母攜余及二妹回臺。

> 余畢業速成科，服務於鳳山法院出張所，繼轉臺灣製糖。民□年〔註13〕以政行街庄，動以保甲書記而被擢為大樹庄長。光復前二年以父兄會長而奪大樹鄉高等科於九曲堂。光復初年，政府尚未設立，食米缺乏，島內匪類橫行，鄉中父老及舊庄長吳清疊等公舉余為臨時鄉政代表，攜日海軍走私米三百包，交鄉公所分配與庄眾，因與日軍抗拒數日，幾被所殺，時各鄉抗納之配給米救庄，日郡守知余可用，乃聘余往港仔墘鄉討還其所欠米三百包還大樹鄉。

> 民國□年任光復報總編輯，仝年兼任原子能報主筆。未幾受聘為高雄省立中學及屏東省立女中為教員。現服務於臺灣合會（以下缺損，略）分公司，兼任高雄縣文獻委員會委員及鳳山（以下缺損，略）長。

根據這一份鄭氏手書的〈自傳〉，當然具有最高的可信度。寫於 67 歲任臺灣合會高雄分行總務課長之後，能夠可靠地反映鄭坤五一生的主要事蹟。鄭坤五出生於清代晚期、成長於日本時代，而終老於國民政府時期。他雅好文學，畢生力寫不輟，又恰逢新、舊文學相互衝擊的時代，終其一生以文字為主要憑藉，為個人許多曲折歷練，抒發種種喜怒哀樂；也為臺灣遞變轉移的大時代，留下了最佳的見證。他多采多姿的一生，其實正表現著大時代的側面縮影。

〔註12〕手稿本中原本即空一格，其後凡為年代亦均空格未寫。本文皆從原稿以□表示之。
　　　　查日軍登陸臺灣在清光緒 21 年（1895），時在民國前。
〔註13〕指大正 9 年（1920），時當民國 9 年。

　　鄭坤五，清光緒 11 年（1885）7 月 16 日出生於臺灣楠梓。〔註14〕他能詩善文，騷場早慧，又精通武功，拳腳了得，素有書、棋、畫、藝、拳無所不能的「高手」之譽〔註15〕，是一位文武雙全的青年才俊，他的基礎奠定於家教的薰陶。據鄭坤五四子鄭麒鋏表示〔註16〕：

> 先祖是清朝的五品藍翎武官，武藝一道，堪稱不俗。先祖母的文學
> 涵養頗深，先父自小在二老的薰陶下，文武二途皆有所成。

因為在武父文母的雙重薰陶下，使鄭坤五自小耳濡目染，親受啟蒙，及長，而能在文、武雙方面皆有所成。則家教對鄭坤五日後的影響是很大的。包括他的思慮、性格、行為、處世等，想必都受到了潛移默化的作用。

　　鄭坤五父親鄭啟祥為前清南路營把總，位居五品藍翎武官。清廷甲午（1894）戰敗，乙未年（1895）割臺，引爆全島激憤，臺灣民主國（1895）於是揭旗獨立。來臺支援抗日的黑旗軍劉永福將軍委任鄭啟祥為打狗砲臺管帶。雖然竭力與日寇周旋，終因火力懸殊難以匹敵，且身遭彈片擊傷，不得已，只好改易微服，攜帶獨子鄭坤五及家人歸返祖籍福建省漳州府漳浦縣。〔註17〕

　　身為武官之子，鄭坤五自幼習武，可謂家學淵源，因此練就一身好武藝。鍛鍊了強健的體魄，也有到武館踢館、與火車競速的年少輕狂。〔註18〕實際具有武功訓練的經驗，直接促進了日後他練武強身的主張。臺灣光復後，他熱誠地上書總統，提出治國建言，其中一案即「學習國術」。茲錄其原文如下：

> ※案由：擬請政府對軍隊警員以及中學以上學生，施以學習國術及
> 　　　　柔道，以增進魄力，強化國家案。
>
> 　　理由：我國四千年歷史，除漢武帝、唐太宗、元世祖外，皆陷於文

〔註14〕據鄭坤五哲嗣鄭麒豪 2003 年 11 月 28 日電話訪問記錄。鄭坤五的出生地有二種說法：其一為臺灣楠梓，鄭坤五哲嗣鄭麒豪、鄭麒傑、同鄉羅景川《鄭坤五和鯤島逸史》（第 7 頁）等持此說；其二為福建漳浦，如莊永明〈輯錄「臺灣國風」的鄭坤五〉（自立晚報 76 年 7 月 16 日）、黃富永《屏東縣美術發展史》（第 154 頁）等。茲從家屬鄉賢之說。據鄭坤五幼子鄭麒傑先生告知筆者：鄭坤五是在楠梓出生沒錯。當時候其祖父鄭啟祥駐軍高雄砲台，兵敗後父親鄭坤五方隨祖父逃回福建漳浦。父親還親口告訴他，小時候祖父騎馬帶他上路的回憶。

〔註15〕見莊永明《臺灣紀事》（上）第 320～321 頁，臺北：時報文化，1989 年初版。

〔註16〕見〈鄭麒鋏先生來鴻〉，收在照史著《高雄人物述評（第二輯）》附錄，第 97 頁。

〔註17〕民國 40 年 6 月 4 日鄭坤五接受某報記者專訪，有「鄭坤五詩翁生平事蹟」剪報一則，文中記為「十二歲」。再羅景川《鄭坤五和鯤島逸史》第 7 頁謂：「那時坤五先生十歲」，當有差誤。

〔註18〕見羅景川《鄭坤五和鯤島逸史》第 9 頁。

　　弱，常被外國侵犯，欲謀轉弱為強，必須使軍隊警員以及中
　　學以上學生，練習國粹拳術，既可使身體健康，並以養成武
　　勇精神，而強化國家。

辦法：擬請政府羅致武藝名人太極拳或其他拳擊柔道，為警察局等
　　配置於軍隊及中等以上學校代替早操，或加入體育時間，倘
　　教師人才不敷使用時，可預設武術專門學校湊成之。

　　使鄭坤五在多篇小說中安排武俠人士、武打場面的情節，如《鯤島逸史》、
〈大樹庄勇士黃輕〉〔註19〕等，尤其對於武打動作的描述，有超乎一般人的
細膩活潑。這完全得力於他個人對武藝的精熟。

　　鄭坤五受到母親在文學上的啟發，在漳浦期間頗能自修歷代名家詩集，
朝夕研讀推敲，十二、三歲即工於詩歌，奠定了他對傳統詩歌的愛好〔註20〕。
根據鄭坤五親筆所書的簡歷〈證明書〉記載：民前 13 年（1899），時年十五
歲「於漳浦縣高中學校畢業」〔註21〕，同年曾「以初童應試」（〈自傳〉）。

　　以清光緒年間的學制而言，尚未有所謂的「高中」、「中學」等新式學制名
稱，而「漳浦縣高中學校畢業」一語也並非正式而完整的學校名稱。鄭氏大約
是以十五歲少年的正常受教程序來看，應該約當高中階段，就其當時學力推估
擬稱之，以符合光復當時一般人對學制的認知。以此看來，漳浦時期的鄭坤五
應當還是受著傳統私塾的教育，並且依照文人素來的傳統，向科舉之路邁進。
鄭坤五的短篇人情小說〈誰是誰非〉〔註22〕就以福建漳浦的私塾為寫作緣起：

　　支那福建漳州府漳浦縣太華村，有一老學究姓黃名漢卿。他的學問真
　　是博古通今，無所不曉。他在這地方居住有年，不論遠近的人們，皆
　　是崇拜他的人格與學問，因此慕名來投在他門下學業的，也自不少。

〔註19〕見林翠鳳主編《鄭坤五全集及其評論（第一集）》第 3 頁。鳳山：華泰，2004
　　　　年 8 月。

〔註20〕《三六九小報》昭和 9 年 9 月 29 日 381 號 4 版「話柄」專欄鄭坤五〈也是詩
　　　　話〉言：「余對於詩之一途，自十二、三齡時，則已好之。」

〔註21〕照史〈鄉土文學先驅鄭坤五〉謂根據高雄中學人事資料記載：鄭坤五「畢業
　　　　於漳州府漳浦中學」。見氏著《高雄人物述評（第二輯）》第 86 頁。
　　　　又，此〈證明書〉書寫日期自署「民國三十五年七月一日」，此日恰是鄭氏受
　　　　聘為高雄第一中學國文科專任教員之時。則照史所說的「雄中人事資料」，應
　　　　當就是根據這一份簡歷〈證明書〉。甚至這一份簡歷〈證明書〉的寫就，也是
　　　　為了應聘至雄中之所需。

〔註22〕見鄭坤五手稿本。

這其中有極大的可能性，是反映著少年鄭坤五在漳浦時期生活的見聞觀察。這篇小說中以私塾的沒落、耶穌教會的興起為基底，寫出新舊時代的衝突矛盾，以及對人情現實的感慨。顯然新舊交替、中西文化的時代衝突，帶給年少的鄭坤五內心強烈的印象，及長尚不能忘懷。對於鄭坤五在漳浦時期的生活紀錄，目前尚缺乏直接的文獻或文物，這篇小說卻可以提供側面的參考。

　　十五歲是鄭坤五生命中轉折的一年。在學業告一段落、欲求進階之際，卻很不幸的「適先君棄養」（〈自傳〉），因傷病重的父親終究不治。寡母孤兒在傷心之餘，同年「家母攜余及二妹回臺」（〈自傳〉），舉家再度移民。或者因為鄭坤五「二姐鄭玉女士適鳳山人」〔註23〕，臺灣有自家親人的親切熟稔，鄭家因此橫越黑水溝，定居南臺灣，從此不再遷徙。

第三節　日治前期──從通譯到庄長（1899～1924）

　　鄭坤五於17歲時隨母親返臺，居鳳山，為適應社會局勢，曾入鳳山國語傳習所日語速成科學習日語，於明治34年（1901）畢業，次年（1902）開始擔任臺南地方法院鳳山出張所通譯。〔註24〕

　　鄭坤五原配趙蓮女士，牛稠埔〔註25〕人，有子麒南。今存全家福照片一張，像中洋溢著幸福美滿的氣息。但原配卻不幸早逝，鄭氏手稿中有幾首詩，極可能是悼念亡妻的哀思之作：

〔註26〕**題墓**

未必春光到夜臺，野花空向墓門開。料應點滴相思淚，一夕西風長出來。

傷別

去年八月痛妻時，今日於卿又惹悲。愧我精神竟如許，纔經死別又生離。

〔註23〕見照史〈鄉土文學先驅鄭坤五〉，氏著《高雄人物述評（第二輯）》第86頁。
〔註24〕據鄭氏手書簡歷〈證明書〉。又，《三六九小報》昭和9年12月16日404號4版「話柄」專欄鄭坤五〈禁煙逸話〉文亦言：「余十七歲時奉職於法院為執達係通事……日受老母責督禁煙……」。
〔註25〕牛稠埔位於今高雄縣田寮鄉。
〔註26〕手稿前頁缺，首行僅存前詩末句「夜深時作不平鳴」。

夜讀

獨坐燈為伴，翻書到曉天。無人憐夜短，任我早遲眠。

〈題墓〉一詩為弔亡詩，作者看著墳上花草，想像著應是思念亡妻的點滴淚水所化，喻示著天地有情，同感其悲，以表現自我內心的深沈哀慟。〈夜讀〉一詩以午夜獨坐的孤單身影，訴說著鰥夫的淒苦，暗喻著對亡妻在世時關懷照顧的眷念。此外在〈題墓〉之前有「夜深時作不平鳴」的前頁末句的殘句，以位置相連的關係，推測應該極可能也是悼念之作。〈傷別〉詩中明指其妻亡於八月，但所謂「去年」究竟是何年？詩中未曾明說。〔註27〕

繼室蔡來發女士，翁公園人，無出，與鄭坤五墓相依伴。根據其墓碑銘文知：祖籍榮陽，卒於民國34年（1945）1月7日。據鄭氏哲嗣鄭麒傑先生描述：其身材健碩，亦擅武勇。觀察鄭坤五小說中常有婦女雄飛的情節，特別是《鯤島逸史》中有尤守己三位善戰的夫人，《大陸英雌》鄭氏專寫智勇兼備的女英豪。鄭坤五在描寫這些能武善戰的婦女形象時，想必都有蔡女士的身影穿梭於其中才對！

後再娶臺北黃秀涼女士。黃女士清光緒18年（1892）出生，昭和11年（1936）1月9日臺北松竹洋裁院卒業，後開店縫製洋裝，並招收學徒教學。昭和12年（1937）加入日本女性文化協會。有麒鉁〔註28〕、麒雄、麒鍈、麒豪、麒賢、麒傑六子。〔註29〕鄭坤五在《詩報》中長期撰寫的「墨戲」專欄中常見與「內子阿秀」的生活點滴，足見伉儷之情深意合。茲舉例如下：

> 日前燈下無聊，偶對內子阿秀言及，渠云：「數字，此二字變幻無窮，除香煙以外，似無甚適當者。」余不覺猛然省悟，遂……〔註30〕

> 余招詩妓秋月佐觴，內子阿秀亦在座，提唱舉行酒令，主客興致勃勃……〔註31〕

> 內人阿秀笑曰：「儂代他補足，且多幾字作當地主之サビス何如？」……阿秀技窮不能回答，余朗吟元張昱句曰……其一自用，一代阿秀塞責，大家鼓掌曰快哉！〔註32〕

〔註27〕鄭坤五手稿中〈傷別〉一詩之後抄有〈偶閱新報見支那革命軍占領武昌〉一詩，然而鄭氏手稿諸詩並未依時序抄錄，因此不能貿然據此定其去世時代。
〔註28〕「鉁」字與「珍」字相通用。鄭坤五手稿中大多作「鉁」，鄭氏墓碑上作「珍」。
〔註29〕見照史〈鄉土文學先驅鄭坤五〉，氏著《高雄人物述評（第二輯）》第86頁。
〔註30〕見《詩報》昭和13年（1938）12月16日第191號20頁。
〔註31〕見《詩報》昭和14年（1939）8月16日第207號22頁。
〔註32〕見《詩報》昭和16年（1941）10月6日第257號19頁。

　　明治 44 年（1911），歲次辛亥，少年鄭坤五偶然閱報獲知武昌起義的捷報，欣喜之下作〈偶閱新報見革命〔註33〕軍佔領武昌〉一詩誌之：

　　　　有志男兒願必償，肯容人占漢封疆。巧徵奇瑞如天授，一舉成功得

　　　　武昌。

　　對於革命軍能推翻滿清政府，充滿了極大的振奮。漢民族的終究取回神州政權，對仍身在異族統治下的臺灣百姓而言，無疑地是一大鼓舞。來年臺灣重回漢人統治，似乎是指日可待的了。

　　在經過多年的努力後，家道穩定了，鄭氏一家於大正 8 年己未（1919）時移居新屋，〈移居〉一詩記錄了此次喬遷之舉，詩曰：

　　　　己未年當炎夏初，移吾家住愛吾廬。鵲巢卻喜容鳩占，蝸舍何妨約

　　　　鶴居。小拓方庭安竹石，聊分斗室置琴書。生無大慾存心曲，到處

　　　　歡常得有餘。

應該就是這一年，鄭家定居九曲堂，設籍貫於高雄州鳳山郡大樹庄九曲堂七六五番地，設住址於同地九曲堂五二五番地。〔註 34〕光復後改「番地」為「號」，仍在同處。（簡歷〈證明書〉）

　　鄭坤五好詩擅詩，藉著詩歌的寫作，也已經逐漸地開始參與了社會公眾活動。例如：明治 33 年（1900）12 月 3 日兒玉源太郎總督辦理第四次「饗老典」，假鳳山辦務署舉行，這自然是南臺灣的大事，當時共有 106 位耆老參加。〔註35〕鄭坤五有〈慶饗老典〉之作參與徵詩以記其盛，其詩曰：

〔註33〕「革命軍」，手稿本原漏「命」字，今補。
〔註34〕照史於前金區戶籍事務所查出。見氏著《高雄人物述評（第二輯）》第 86 頁。
〔註35〕臺灣總督兒玉源太郎（任期 1898 年 2 月 26 日～1906 年 4 月 11 日）共舉辦
　　　四次「饗老典」，慶賀臺灣地區八十歲以上長者長壽。並廣徵詩文，後由總督
　　　府編成《慶饗老典錄》記錄表：

	第一次	第二次	第三次	第四次
時間	1898、7、17	1899、4、9	1899、11、5	1900、12、3
地點	總督府內舞樂廳	彰化文廟	臺南兩廣會館	鳳山辦務署
與會人數	700 餘人	369 人	164 人	106 人
贈送	各贈扇子一對，百歲以上老者特贈鳩杖一支。			
參考資料：				
1. 矢內原忠雄著、周憲文譯《日本帝國主義下的臺灣》第 150 頁。臺北：海峽學術，1999 年。				
2. 井出季和太著、郭輝編譯《日據下之臺政》（原《臺灣治績志》）第 284 頁。臺北：海峽學術，2003 年 11 月初版。				

天恩遍及老人星，盛典欣逢誌太平。從此共登仁壽域，群黎何以答
英明。（其一）

壽星群宴大羅天，晚福居然上御筵。浩蕩天恩沾白髮，虔誠應獻九
如篇。（其二）

鄭家現今仍珍藏一幅署名「藤園」的草書墨寶。藤園是第四任臺灣總督
兒玉源太郎的號，這是兒玉總督明治31年（1898）歲次戊戌年時「戊戌臺灣
施政紀念」的題詩，詩云：

微風陣陣送涼來，四望霞收曙色開。占得鶯歌人未起，相思樹畔獨
徘徊。

又大正元年（1912）天皇登基，鄭坤五有〈恭祝登極御大典〉以示祝賀，
後來也有〈祝天長節〉祝賀天皇聖誕，率皆歌功頌德之作。這些詩歌的寫作
或者為不得不然，或者為進取晉身之階，但都顯示了鄭坤五正逐步地透過詩
歌之筆，凸顯個人的才華，參與上層文人的活動。在專制時期，階級區別比
較明顯，與當朝互動的活動，顯示著個人身份地位的與眾不同。

擔任法院通譯，使鄭坤五熟悉日本地方政府人士及法規，與南部地方長
官頗有往來。兼以本身能詩善畫，才華出眾，從而甚得官長賞識。詩集中可
見最早的日本長官為池田直太郎。池田直太郎為大正4年（1915）5月在任的
鳳山支廳長〔註36〕，當時將調任噍吧哖支廳長，鄭坤五書〈送池田直太郎君
往噍吧哖〔註37〕牧民〉詩贈別，詩曰：

春風一夜動征塵，無計攀轅駐吉人。此去百〔註38〕蠻煙瘴地，也應
珍重救時身。（其一）

塵寰何處不烽煙，小醜跳梁事偶然。記得福星臨照日，家家高枕五

〔註36〕池田直太郎，日本熊本縣人。明治38年10月29日由鳳山廳警部調任打狗
支廳長，明治40年1月26日調任楠梓坑支廳長，明治42年11月22日調
臺南廳安平支廳長，再調任鳳山支廳長（大正4年5月在任），後調任噍吧哖
支廳長。
見鄭喜夫編《臺灣地理及歷史・官師志・文職表》第462頁。又，參胡巨川
〈日據時期高雄行政首長名錄〉，收在《高市文獻》第17卷1期第88～89
頁，2004年3月。
又，安倍利三郎於大正6年（1917）任鳳山支廳長，極可能即與池田交接。
則池田直太郎調任噍吧哖支廳長可能就在大正6年。
〔註37〕噍吧哖，今臺南玉井。
〔註38〕「百」，手稿本誤作「陌」，今改。

更天。（其二）

再有永田三造者，生平不詳。但既是「榮轉」，自是官宦。〈送永田三造君榮轉〉亦是贈別之作，詩曰：

此身久與世無聞，落寞紅塵竟遇君。一日未酬知己德，忽然相去萬重雲。（其一）

秋林一抹帶腥紅，憫世仁心獨見公。今日代天施雨露，草民何處不春風。〔註39〕（其二）

詩中鄭氏以「草民」自稱，則顯示了永田君地位的尊崇。

與鄭坤五關係最密切、影響最大的，則首推鳳山郡守安倍利三郎。早在大正7年（1918）鄭坤五就有〈戊午早春隨邑宰安倍利三郎閣下赤山湖游獵〉組詩五首，其詩曰：

春日欣看虎豹軍，長驅來襲赤山雲。書生攜筆隨朱轂，待獻橫飛血雨文。（其一）

時平壯士愧無功，勃鬱雄心欲化虹。叱吒聲搖山岳動，卻驚狐兔一齊空。（其二）

空手歸來可奈何，傍人休唱懊郎歌。試看化日光風裡，禽獸焉能有許多。（其三）

獲物何須計有無，眼中狐兔總區區。雄心盡在中原鹿，未敢輕施彈雀珠。（其四）

異類聞風跡也無，知君民害善驅除。古人自是多懦弱，只解為文祭鱷魚。（其五）

戊午年即大正7年（1918），鄭坤五「攜筆隨朱轂」，陪同郡守出外遊獵，賦詩歌頌記此勝事，可以顯示當時他與地方官員之間的關係是頗為良好的。

安倍利三郎，日本宮城縣人。明治40年（1907）1月26日由鳳山廳警部調任打狗支廳長（42年5月在任）。大正6年（1917）任鳳山支廳長，大正9年（1920）8月31日卸任。大正9年9月1日任鳳山郡守，大正12年3月卸任。〔註40〕就在安倍利三郎主持鳳山期間，提拔鄭坤五，於大正9年4月

〔註39〕作者註：「君有『血痕染出夕陽村』之句，故起句云及。」
〔註40〕見鄭喜夫編《臺灣地理及歷史·官師志·文職表》第463頁。南投：臺灣省文獻委員會，1980年8月。又，參胡巨川〈日據時期高雄行政首長名錄〉，收在《高市文獻》第17卷1期第88頁。

1 日起贋任大樹庄第一任庄長（簡歷〈證明書〉），鄭坤五時年三十六歲，真可謂青年才俊。

在獲知被委派擔任大樹庄第一任庄長之後，鄭坤五對安倍太守抱以無比的感謝，〈謝安倍太守栽培〉一詩充分地說明他當時的心情，其詩曰：

久拼灶下成焦尾，有幸多君舉廢才。喜極忽傾知己淚，此生何以報涓埃？

鄭坤五喜極而泣，視安倍太守為知己，甚至不知何以為報才好。因此當大正12 年（1923）3 月安倍郡守辭官〔註41〕時，鄭坤五心中十分的不捨，〈送安倍太守歸隱〉四首中絮絮道出送別的心情，如：

決意前賢讓後賢，挂冠歸作地行仙。懊郎未盡涓埃報，徒受深恩十五年。（其一）

三疊陽關別恨多，攀轅無計奈愁何。及今歸去容高臥，不復驚心宦海波。（其二）

大正 9 年（1920）11 月 21 日作為警察飛行班基地所在的屏東飛機場剛剛落成啟用，大正 10 年（1921）2 月，飛行員高柳幸於屏東山區進行「蕃地威嚇」時竟不幸墜機身亡，總督府恤勉嘉獎〔註42〕，鄭坤五也為作〈吊高柳幸〔註43〕君殉職〉詩四首敬弔，其詩曰：

曾幾何時式宴開，幸叨末席見雄才。重臨今日更淒絕，端為英靈一慟來。（其一）

淡江九曲水淒清，野色蒼茫入渺冥。獨向鐵橋西畔立，心香一瓣吊英靈。（其三）

鄭坤五擔任庄長期間臺灣最重要的大事之一，自是大正 12 年（1923）4 月 16 日日本東宮太子，也就是後來登基的昭和天皇，訪臺視察 12 天。身為

〔註41〕見臺灣總督府公文類纂與專賣局數位化檔案資料庫：「（府郡守）安倍利三郎（退官）」，1923-03-01，第 000037420480216 號。南投：臺灣文獻館。

〔註42〕大正 10 年 2 月 25 日警務局長川崎卓吉呈請嘉勉：「（臺灣總督府警部高柳幸君）於（大正 10 年）二月二十五日蕃地威嚇，目的ツ以テ中島式飛行機操縱中午前六時四十五分屏東飛行場北方約八百米突，地點：墜落重傷ツ負ヒ生命危篤……。」後獲臺灣總督府警部恤勉給五級俸，事務格別勉勵付金五百圓ツ賞與ス。見臺灣總督府公文類纂與專賣局數位化檔案資料庫：「高柳幸（昇級、賞與）」，1921 年 2 月 1 日，第 000032010380231 號、第 000032010 380230 號。南投：臺灣文獻館。

〔註43〕高柳幸，臺灣總督府警部勳七等、大正 10 年 10 月 26 日殉職。

庄長的鄭坤五曾作〈奉迎　皇太子宮殿下鶴駕蒞臺盛典〉詩五首以示歡迎〔註
44〕，詩曰：

> 鶴駕下東寧，群黎仰聖明。千秋逢盛典，萬歲動歡聲。日月增光彩，
> 山光邀寵榮。福星臨照地，靈運應時生。（其三）

> 儀仗出神京，三臺瑞氣呈。代天巡領土，布德惠蒼生。草木沾春澤，
> 臣民貢赤誠。千秋欽始遇，盛典誌昇平。（其五）

日本時期官治主義濃厚，實行由上而下的集權管理，〈地方官官制〉中明
訂相關街庄長的規定如：

> 郡守及市長知事承州知事之指揮監督，執行法令，掌理轄區內一般
> 行政事務。（見「第三十六條第一項」）

> 街庄長承上官之監督，輔助執行街庄內之行政事務。（第四十六條第
> 五項）

> 州知事認郡守、市長或警察署長所為之處分有違成規，有害公益或
> 侵犯權限時，得取消或停止其處分。廳長對於街庄長所為之處分，
> 得依前款之例取消或停止之。（第九條）

> 郡守認街庄長所為之處分，有違成規，有害公益或侵犯權限時，得
> 取消或停止其處分。（第三十八條）〔註45〕

在集權殖民的專制時代，官員必須層層聽命行事，已經明文規定於法令
之中。受殖民統治下的臺灣人，為官格外不易，青年官員鄭坤五或許也體會
到了其中滋味。雖有郡守的提攜，但深知上進的他，應該也希望能取得正式
的資格，〈赴臺南應某試〉三首雖未言明所應為何試，然其中「折腰難」、「淵
明菊」二語已透露其可能為與公職有關之考試。而考試時複雜矛盾的心情，
便全然藉著詩歌表露無遺，〈赴臺南應某試〉中曾寫道：

> 應被高人冷眼看，為何不悟折腰難？驛亭忽遇淵明菊，徒覺羞紅幸
> 夜間。（其二）

果然在大正12年（1923）4月1日，鄭坤五終於順利取得「臺南地方法院司

〔註44〕另參《詩報》昭和17年1月1日第263號頁36頁「墨戲」專欄：「余濫膺庄
　　　政時，值日太子來臺，事後督府田公，開慰勞宴於壽山上，並設摸擬店，凡
　　　顯者夫人淑女，皆充摸擬店員。」
〔註45〕轉引自黃靜嘉《春帆樓下晚濤急——日本對臺灣殖民統治及其影響》第225
　　　頁。臺北：臺灣商務印書館，2002年4月初版一刷。

法代書人第一七二號認可」證書，正式成為一名代書。從此開始了他一生所從事最久的代書行業。另外，鄭坤五也曾「兼營鴉片小賣」，領有小賣許可。〔註46〕

　　當大正12年（1923）3月安倍郡守辭官之後，鄭坤五也正式於隔年的大正13年（1924）3月辭職（簡歷〈證明書〉），結束了為期將近四年的庄長生涯。事後，鄭坤五於〈題自筆山水——時在庄長辭職後〉詩中，毫不隱晦地道出其內在心聲，他說：

　　　　綠水青山好寄居，當年深悔出茅廬。何如一橋塵寰外，坐聽泉聲讀
　　　　道書。

　　仕途之難，行而後知。深深的後悔，恐怕是當年感到喜得知己的鄭坤五所料想不到的吧！坦率的個性在險惡的世道中，感觸特別深刻，〈世味〉一詩或許更能表現心緒沈澱後的深沈想法：

　　　　甘苦辛酸嘗後知，紅塵一醉醒何時。舐得痔瘡心無懊，嗜好膿痂事
　　　　最奇。笑我生來同嚼蠟，任人老去得含飴。寰球此味濃於酒，淡泊
　　　　惟吾不受欺。

庄長四年，酸辛備嘗，宛如紅塵一醉，盡見人世醜態。終究，還是含飴任老去，淡泊不受欺最好。初受委任時的歡欣，最後卻以看透世情結局，也算是另一種收穫吧！

　　以庄長任期而言，任職達數十年，甚至至終生者，在臺灣各地頗不乏其人。如六堆鍾幹郎、潭子傅錫麒、田中陳紹年〔註47〕等等，皆是至鞠躬盡瘁而已矣。與此相較，則顯然鄭坤五僅任四年，是相當短暫的。個中原因，或者與他對日人的不滿與態度桀傲是有關係的。

　　在臺日本官員的橫暴，是眾所周知的，甚至「乃木總督在其對地方官員的『諭告』中，曾痛斥當時來臺日人及官員之橫暴、虐待人民、背理枉法，認為足使民心乖離，妨礙施政。」〔註48〕鄭坤五則「由於作詩毀謗日本政府壓迫臺民，又被郡守革職下臺」〔註49〕，鄭坤五是因哪些詩抵觸當道？據鄭坤

〔註46〕見《臺灣實業名鑑》第296頁。
〔註47〕參林翠鳳〈田中蘭社百年史——一個區域文學史的史料建構實例〉第358頁。
　　　　《東海中文學報》第16期第345～407頁，2004年7月。
〔註48〕矢內原忠雄著、周憲文譯《日本帝國主義下的臺灣》第150頁。
　　　　井出季和太著、郭輝編譯《日據下之臺政》第284頁。
〔註49〕見羅景川《鄭坤五和鯤島逸史》第7頁。

五同鄉羅景川先生表示，係因〈食錢虎〉一詩惹禍。查詩集中有題為〈食錢虎〉詩一首，雖不能確定是否即為惹禍的同一首詩，然而或許也可以作為旁例參考之，其詩曰：

> 大人變後錢為命，嚼嚥銖錙味亦甘。見利未曾容免脫，攫金無厭比狼貪。負嵎財界遭威壓，出柙銅山任視眈。到處孔方吞設盡，富兒色變敢多談。（〈食錢虎〉）

對於貪官惡行的不齒，除了藉由詩歌加以嘲諷之外，甚至兼以繪畫強調之，有一則軼事正是記錄這件事，據說：

> 牛稠埔〔註50〕有個日人警察，慕名求坤五先生為他畫一隻虎，帶回家一看，為什麼畫軸的上方，畫一條線吊一枚古錢呢？有人告訴他，這就叫做「食錢虎」，有影射諷刺的含意。他大發雷霆藉故傳訊坤五先生，痛打一頓洩恨。〔註51〕

其實，鄭坤五在其史話小說《活地獄》中，有一段情節類似於此，頗有表白心志的意味，生動寫實的敘述，清楚勾畫了鄭坤五自己面對強霸日人時的情態，亦可作為參考，茲節錄如下〔註52〕：

> 不意經過約有一個月間，忽然三條警察課長帶一高等係刑事部長澀江，驅自動車〔註53〕來到著者門前，著者覺得心頭一跳，暗呼一聲「來了！」家中人亦莫不驚訝。蓋當時高等係捉人，多用此行動。著者雖然一驚不小，但素性有決斷，即時鎮定，覺悟付生命於大自然，便不用平時禮數，昂然問之曰：「欲為何事？」三條笑容可掬答曰：「無甚麼事，來求先生的畫虎呢！」著者不覺吐出一口涼氣，心內暗罵：「小鬼子真惡作劇哉！你老子實當不起這一場虛嚇。」於是改容婉轉推卻，偽約改日得畫絹入手畫給。三條去後猶不死心，每到九曲堂視察派出所時，必致意催促。一日著者偶到派出所，恰遇三條亦在內，詢問：「畫就否？」著者答曰：「尚未。」旁邊適有改姓名曰「永安」者，冷笑曰：「鄭先生平素最厭惡帝國警察，哪裡肯畫？」三條聞及與否且不管他，在永安，此時或者就著者素性評評

〔註50〕牛稠埔位於今高雄縣田寮鄉。
〔註51〕見照史著〈鄉土文學先驅鄭坤五〉，《高雄人物述評（第二輯）》第85頁。
〔註52〕原見鄭氏剪貼簿《活地獄》第二十二回，重校後見林翠鳳主編《鄭坤五研究【第一輯】》第167頁。臺北：文津，2004年11月。
〔註53〕作者註：「汽車」。

而已，無有惡意亦未可知，但是在日人對臺胞凡事吹毛求疵之時，

著者聽此一語，卻覺得毛髮森然，終是提心吊膽。

鄭坤五的不畏權勢，如此可見。除此之外，其實鄭坤五另外還有幾首詩詞也描繪出了日本政府的霸道和高壓，例如：

為國忘家赴遠征，有誰堪耐此時情。死生離別停車站，悽絕呼爺喚子聲。（〈紀軍事教育活動寫真劇（有活人出演故云）〉其一）

珍重家書入手時，群僚爭賀得佳兒。可憐頻作園田夢，已拆鴛儔尚未知。（同上，其二）

一日羅權在手，即時把令來行。任他氣焰忒薰騰，只惹傍觀齒冷。汝自凶睛反白，誰歡肉眼垂青。縱然四面楚歌聲，可奈昏迷不醒。

（〈調寄西江月　不滿某顯者〉）

遠離仕途，未必是件壞事。辭職後的鄭坤五，一方面在家鄉九曲堂經營代書事務，一方面自由地發揮詩畫的興趣，其文藝活動力自此之後充分蓬勃地展現，開創出人生另一面的高峰。

第四節　日治後期——辭官後勤於文藝（1924～1944）

辭官之後的鄭坤五，以代書為業，並肆其詩畫藝能。大正十三年（1924）3月辭庄長辭，同年6月鄭坤五即以「雞聲茅店月」一畫在東京榮獲第五回日本畫會主辦東洋藝術院賞金牌，並獲贈獎狀一紙及金牌一面〔註54〕。這是臺灣人在畫壇的一項極高的榮譽，十分可貴。鄭氏透過繪畫，向日本社會展現出受到殖民統治的臺灣人民本有的才華，為臺灣人在海外揚眉吐氣。

鄭坤五畫名、詩名皆成就甚早，得獎尤其錦上添花。官宦名流亦時常附庸風雅，索畫和詩，即使在他辭官之後亦然。前引〈活地獄〉中索畫一事，即日治後期之事。又再如昭和初年鳳山郡守西澤時藏，亦時相往來。鄭氏詩集中有〈贈西澤氏〉詩三首，其詩云：

已屈高車下草廬，又勞招致使君居。門羅北派南宗畫，壁掛銀鉤鐵劃書。（其一）

書畫滿堂酒滿卮，多君留客夜歸遲。窗前作態釀花雨，代主人翁要

〔註54〕當年比賽獲贈的獎狀及金牌，現仍收藏於哲嗣鄭麒傑處，成為鄭家子弟的傳家寶。

索詩。（其二）

三十年來見所無，左陳文案右圖書。鳳城太守真儒雅，一代高風畫
不如。（其三）

西澤時藏於昭和元年（1926）10 月由潮州郡守調任鳳山郡守，至昭和 3 年
（1928）9 月依願退官。〔註55〕鄭氏詩歌為當年迎贈之作。從詩歌中可知西澤
氏曾親訪鄭家，鄭坤五也曾受邀至郡守家作客，鄭氏也在詩中極力推崇西澤
氏對書畫的愛好與涵養。

　　對於詩歌，鄭坤五尤其自幼愛好，早早享譽詩壇。當臺灣總督廣招全臺
各地知名文人，詩詠唱和，面謁顯宦時，鄭坤五總常是南臺灣詩壇的代表之
一，很快地躋身名家之列。大正 13 年（1924）竹窗內田嘉吉總督〔註56〕賦〈新
年言志〉七絕一首，廣徵全臺各地詩家唱和，輯為《新年言志》，鄭坤五有一
首〔註57〕獲選。上山滿之進總督〔註58〕就任後，也於昭和 2 年（1927）3 月
20 日假臺北蓬萊閣酒家，召開全島詩人大會，次日下午一時所有詩人受邀，
相聚於東門官邸賦詩聯吟〔註59〕，後編成《東閣唱和集》〔註60〕一書。鄭坤
五有〈東閣聯吟（拈韻杯字）〉、〈和蔗菴督府瑤韻〉之作。在臺灣殖民政府刻
意地示好拉攏下，詩人也與之互動，在現實處境中，終究還是柔性的應對比
較長久。

　　在以詩筆與當局往來酬唱之時，鄭坤五則另執文筆，以散文形式，表達
另一種主張。昭和 5 年（1930）9 月 9 日《三六九小報》創刊，鄭坤五很快地

〔註55〕西澤時藏，明治 9 年（1876）1 月 30 日生，日本長野縣小縣郡人。大正 12 年
　　　　（1923）由高雄州理蕃課長調恆春郡守，大正 13 年再調潮州郡守。見臺灣總
　　　　督府檔案：「（地方理事官）西澤時藏（鳳山郡守ヲ命ス）」，1926-11 月-01，
　　　　第 000040500050051 號。又見鄭喜夫編《臺灣地理及歷史・官師志・文職表》
　　　　第 463 頁。又見《臺灣人士鑑》（日刊一週年版）第 152 頁。
　　　　又，《詩報》昭和 13 年（1938）1 月 18 日第 169 號 23 頁「墨戲」有：「此用
　　　　最近創鳳梨業功績炳然之西澤氏事也。」未詳此「西澤氏」與郡守西澤是否
　　　　為同一人？
〔註56〕竹窗內田嘉吉總督，任期：大正 12 年（1923）9 月 6 日～大正 13 年（1924）
　　　　8 月 31 日。
〔註57〕鄭坤五〈新年言志〉共有三首，見《新年言志》第 12 頁 1 首、手稿本 2 首。
　　　　《新年言志》，鷹取田一郎編，大正 13 年 4 月 25 日發行。
〔註58〕臺灣總督上山滿之進號蔗菴，任期：昭和元年（1926）7 月 16 日～昭和 3 年
　　　　（1928）6 月 16 日。
〔註59〕見《臺灣日日新報》第 9660 號。
〔註60〕《東閣唱和集》，豬口安喜編，昭和 2 年發行。

就在該報長期撰寫短篇雜文，嬉笑怒罵，雅俗不拘。其中一篇〈雞與烏臼之談片〉分兩期連載〔註61〕，透過雄雞與烏鷲（臼）兩者的對話，辨析殖民者與被殖民者之間的態度，以寓言形式沈痛指出奴化教育的可悲可恨，呈現了與酬唱詩歌截然不同的態度，值得注意，其文筆流暢，理路清晰，是一篇可觀的作品，特錄於下：

> 雞源由鳥類進化而成，追本溯源，彼此固同宗也。然雞託主人恩榮，嘗驕慢魚鳥類，鳥忍受之。唯鷹隼者，怒其無恥。故每攫雞雛，裂而食之，以洩其憤懣不平之氣，蓋冀有所覆滅此不肖之特權也。有鳥臼者別號烏鷲。不忍同類相煎，每為居中調停。凡見鷹隼盤旋空際，將危害於雞雛者，則極力擊退之。而雞固未之知也。

> 一日東方破曉，雄雞方自鳴得意時。適鳥臼棲止埘上，見其氣焰燻人，殆不知湯鑊之在其後也，因誡之曰：「子依賴性成，不能自立。生殺由人，朝不保夕，識者且為之慮。向者非吾曲護汝雛，汝種且滅矣！何子不自知，猶得意如斯耶？」

> 雞大言曰：「噫！是豈子之所知也。吾輩衣文采，食膏粱，五德為人類所欽仰，體格為諸禽所不及，此無非為人類豢養之恩，日趨進化，乃有今日。來日方長，將來且未可量。況主人護我翼飛，至且無微，鷹隼其奈吾何！余輩有此特典，是以不自禁，作得意之鳴也。」

> 鳥臼曰：「否！否！此人類之所以謂之為狡猾者也。渠施之于前，必將有求於後。其所以豢養汝者，將來食汝甘汝之肉也，原為彼計，非為此計也。譽汝以五德者，以虛名羈汝也。蓋將使汝之迷至死，而尤甘心以衝其口腹之慾也。換言之，實不共戴天之仇讎，何有恩惠之足言乎？」

> 雞曰：「食人之祿，必死人之事。吾受主人恩養，又得人工施為，然後有此進化。羽毛光澤，體格肥美，視諸飢鷺寒鴉，終身憂患，難謀溫飽，奚啻天壤？雖殺身為人，亦報德之所必然，於吾何憾？」

此文發表於昭和5年（1930）日本強權之時，鄭氏直書心聲，指斥奴化教育的麻痺人心，惑人神智。明顯地暗示臺灣人受到日本奴化教育，應當深自覺

〔註61〕見《三六九小報》昭和5年11月3日第17號2版、6日18號2版「開心文苑」專欄。

醒。他無懼地發表此文，語重而心長。

　　鄭坤五不僅是一位好於寫作的文人，而且也是一位對社會深懷抱負的知識份子。身在局勢動盪的時代裡，鄭坤五顯得敏銳敢言。試觀其所為諸作，往往有所寄託。畫虎是如此，文學論戰是如此，即使如長篇章回小說《鯤島逸史》也是如此，鄭氏在其〈著者序〉中明白揭示道：

> 竊謂人生不幸為文人，已不能上馬殺賊，下馬作露布，落筆豈可不
> 慎！已不能達而兼善天下，又豈可窮而不獨善其身哉！縱不能為國
> 干城，又何忍以無稽之文字貽害社會乎！著者有感於斯，乃有鯤島
> 逸史之著。宗旨在使養成守己安分之心，警戒任性暴躁之念。獎勵
> 忠孝，杜絕奸狡；破除迷信，宣傳科學；維持公道，懲戒匪類。……
> 自信對社會不無補。幸讀者諒之！

諸如此類的濃厚社會責任感，尤其表現在其積極投入的報刊編輯事業中。

　　以目前所知，鄭坤五曾經擔任主編的刊物包括有：《臺灣藝苑》、《光復新報》、《原子能新報》；而積極參與大量撰稿的則有《三六九小報》、《詩報》〔註62〕、《南方》等。這些刊物中，都可以大量地看到鄭坤五所寫作的多樣化作品，包括：漢詩、小說、史論、詩話、雜文等。各刊多在昭和年間發行，以《臺灣藝苑》為最早，以迄光復之後，文筆不輟，可以說：在昭和年間，鄭坤五展開了他全面性的文藝寫作，迅速成為全島知名的文藝通才能人。

　　《臺灣藝苑》是一份全部採用漢文排印的月刊，鄭坤五一人幾乎包辦大半的文稿〔註63〕，表現出鄭坤五多方面的觀察與寫作才華。昭和2年（1927）4月15日正式發行第壹卷壹號。這是一份在鳳山出版的漢文雜誌，社長蕭坤全、編輯人鄭坤五、發行人兼印刷人蕭乞食，「執筆者有：鮑樑臣（澎湖）、陳春林（澎湖）、李開章、張紹賢（南投）、青溪散人、林義（新港）、邱寄芳（麟洛）、郭居種（斗六）、王銀蟾（小港），尚有漳城名妓月桂、及漳州陳雪英」〔註64〕。

〔註62〕《三六九小報》第142號增刊號曾載「客員　鄭坤五」；《詩報》第97、106、110號等曾多次刊載：「援助員：九曲　鄭坤五」。
〔註63〕「這部堪稱海內外孤本的《臺灣藝苑》」現為成功大學教授呂興昌收藏，其〈論鄭坤五的「臺灣國風」〉一文中指出：「從現存兩卷二十三期（一九二七年四月十五～一九三〇年二月一日）的內容看來，鄭坤五不僅是唯一的「編輯人」，而且還幾乎是一手包辦的撰稿者」。
〔註64〕見照史著〈鄉土文學先驅鄭坤五〉，《高雄人物述評（第二輯）》第90頁。

　　對於《臺灣藝苑》的編輯，鄭坤五是有所為而為的，試觀其〈臺灣藝苑創刊辭〉中所指出：

> ……所謂藝術者，實學術中最有趣味者也。種目雖多，就其最福利蒼生者，則醫術也；能陶冶性情、消除俗慮者，其惟文藝與琴棋書畫乎？然遍觀島內大勢，舍醫術一途，而文藝又不甚振作……本社有憾於此，乃不憚棉力，竟盡愚誠，冀與同胞共力挽，持風雅，特闢一樂園於誌上，趣味公開，不獨民眾精神上之慰安，俱有相當效力，對於漢學貢獻不無多少補，因名之曰《臺灣藝苑》。……

　　可見得出辦《臺灣藝苑》的主要目的在於提振文藝，以興漢學。這樣的理念，無非正是日治時期文人欲以文化抗日之具體作為。在創刊號這一期，鄭氏也首度以「九曲堂詩草」之名，公開刊登其編集而成之傳統漢詩作品。

　　昭和 5 年（1930）9 月 9 日連雅堂主編的《三六九小報》創刊〔註65〕，鄭坤五受聘為客員，開始陸續投稿，自昭和 5 年（1930）10 月 9 日第 10 號「滑稽詩話」起，至昭和 10 年（1935）9 月 6 日最後一期第 479 號「話柄」停刊為止，大約 5 年之間，他陸續發表了多種連載的專欄，包括有：現代長篇小說〈大陸英雌〉、雜文〈話柄〉、〈顯微鏡下的宗教〉、〈讀史管見〉、〈種花小語〉、〈滑稽詩話〉等，是此刊物上的重要寫作者之一。其中〈大陸英雌〉連載自昭和 6 年（1931）2 月 19 日第 48 號，迄昭和 8 年（1933）1 月 16 日第 189 號止，雖未完結，亦未再續載，後來也未見出版。《三六九小報》上雖然也刊登各家漢詩，然而卻未見鄭坤五之作。

　　日治時期最重要的漢詩期刊《詩報》創刊於昭和 5 年（1930）10 月 30 日，鄭坤五自昭和 6 年（1931）1 月 1 日第三號起入名「篇輯員」行列；昭和 6（1931）3 月 16 日第八號刊載鳳岡吟社第一期徵詩，詩題〈照妖鏡〉，鄭坤五膺任詞宗，擬作五首，這是《詩報》上第一次刊出鄭坤五的作品，作品如下：

> 啟匣騰光怪，妖氛現遍遐。孤憑城結黨，鼠據社為家。虎虐倀偏助，狼貪狽更加。多君添閱歷，眼力老逾嘉。（其一）

> 分光窺世態，透視辨妖邪。兩面紳為鬼，雙頭棍是蛇。弄權呈怪腕，吸血現獠牙。魑魅形全露，絲毫鑑不差。（其二）

〔註65〕《三六九小報》，連雅堂主編，創刊於昭和 5 年（1930）9 月 9 日，每逢三、六、九日發行。昭和 8 年（1933）8 月 13 日第 315 號曾宣佈暫時停刊，至昭和 9 年（1934）2 月 23 日再度復刊，迄昭和 10 年（1935）9 月 6 日停刊。

鑑形光線外，怪像現如麻。變態斷毛女，矯情衛道家。縉紳狐獻媚，
臺閣虎張牙。賴此分光器，年來眼不花。（其三）

鑑裡光氛滿，迴看實可嗟。野狐窺正果，洋鬼望分瓜。弱小成魚肉，
豪強類蝎蛇。漫天張黑幕，朗照不能遮。（其四）

反射映妖邪，昭然眼力加。秋毫明可察，黑幕透難遮。赫赫伏魔殿，
轔轔載鬼車。人間怪現象，變幻浩無涯。（其五）

《詩報》中大量地刊載臺灣各地詩會的活動及作品，透過《詩報》，後人
可以看到此一時期鄭坤五活躍地參與詩會活動之一斑，「墨戲」專欄裡文字遊
戲的新解，則往往令人不禁莞爾。鄭坤五性格中的幽默滑稽，在《詩報》中一
表無遺。

　　昭和 7 年（1932）元月出版的《南音》上，鄭坤五發表〈就鄉土文學說
幾句話〉一文〔註66〕，明確表達他擁護「鄉土文學」及臺灣話文寫作的意見，
也首次提出了「鄉土文學」的概念。

　　昭和 14 年（1939）鄭坤五首次投稿《風月報》，以〈破書籠〉一文連續
刊登於第 93、94 期。至昭和 16 年（1941），文壇發生「臺灣詩人七大毛病的
論爭」，以《南方》雜誌為擂臺，掀起了 1940 年代鄉土文學論戰。當時百家
爭鳴，各有己見，大約分成反對與贊成二派。反對者以萬華元園客（黃晁傳）
為主，有醫卒（吳松谷）、嵐映（林荊南）等倡和之；贊同者以鄭坤五為主，
有潮州赤崁生、樹林王筱庵等呼應之。

　　曾經鄭坤五認為元園客言之太過，為文勸說道：

先生固自白亦舊詩人，毅然轉向，誠不失為識時務之俊傑。然對於
舊詩，似當尚有一線香火因緣，在此舊詩氣息奄奄之秋，縱不小分
烏屋之愛，亦何忍厭惡和尚，連袈裟亦刺目也，惜哉！〔註67〕

鄭坤五並未對當時詩壇感到太過悲觀，甚至標舉「一線香火因緣」來強調傳
統漢詩存在的意義之一，是在延續漢文化的香火於不絕。他後來並以更直率
樸實的語氣指出：「我雖不樹幟，而對漢詩自然是必擁護」〔註68〕，清楚表達

〔註66〕鄭坤五〈就鄉土文學說幾句話〉，見《南音》1 卷 2 期第 14 頁，昭和 7 年 1
　　　　月。《南音》創刊於昭和 7 年（1932）1 月 1 日。

〔註67〕見坤五〈對臺灣詩人七大毛病再診〉，《南方》第 137 期第 18 頁，昭和 16 年
　　　　9 月 1 日。

〔註68〕見坤五〈訓『誰是誰非』作者嵐映氏詞〉，《南方》第 139 期第 20 頁，昭和 16
　　　　年 10 月 1 日。

了他對傳統漢詩的支持。

　　昭和 17 年（1942）9 月 15 日起在《南方》雜誌第 160 期開始連載鄭坤五著名的小說《鯤島逸史》。昭和 19 年（1944），皇民化運動最烈的一年，《鯤島逸史》（上、下）由南方雜誌社統理，並邀請名畫家林玉山為其封面繪圖，於 3 月 31 日正式出版發行。此後迅速地風靡全臺，成為鄭坤五最為一般人所熟知的代表作。據鄭坤五四子鄭麒鎮表示：「先父曾化一年多的時間，搜集資料而成《鯤島逸史》。當時先父擔任九曲堂公學校家長會長，負責監建四棟教室，由於颱風來襲，建築全毀；為了重建工作，因而賣了《鯤島逸史》的版權。」〔註69〕由於頗獲好評，民國 57 年（1968）1 月太陽出版社在未經作者家屬同意下，即竄改情節，翻印販售，並將書名擅自改為《臺灣逸史》出版。也曾被臺視改編為連續劇「鳳山虎」播出，然而不僅未曾列出原作者姓名，又因改編過甚，已迥非原作，播出後反映不佳，草草收場。〔註70〕

　　昭和 18 年（1943）「以父兄會長而奪大樹鄉高等科於九曲堂」（〈自傳〉），鄭坤五為提升家鄉教育做出了具體的貢獻。

　　昭和 19 年（1944）鄭坤五年屆花甲，詩友們為祝賀其六十大壽，以「杖鄉」為題，於《詩報》刊登「鄭氏還曆徵詩啟」〔註71〕，聘魏清德、陳家駒為左右詞宗，「高雄聯吟會為先生徵詩作祝，……一時得祝詩千餘首。」〔註72〕拔得左右元者皆可獲得鄭坤五親筆畫作一幅。並擬將全詩稿剞劂成冊，分贈投稿者。可惜因日軍戰事日益告急，而無緣發表。茲舉鄭坤五好友東港蕭永東詩集手抄本中所作〈杖鄉〉，以示一斑：

　　　　世路崎嶇仗不顛，鳩扶壽考地行仙。出門作伴尋詩料，邀客上山掛酒錢。且喜隨心堪緩步，免教臨敔奮空拳。欲知大隱遊何處，九曲堂中大樹前。

　　鄭坤五自己也寫下〈六十書懷〉二首紀念之，其詩曰：

　　　　花甲新逢屆一週，良辰將近古中秋。世情飽閱心初得，社會論交業未修。詩並排除闇取引，畫單應付善中求。吾惟吾素行吾是，人海翻爛任自由。（其一）

〔註69〕見照史著〈鄉土文學先驅鄭坤五〉，《高雄人物述評（第二輯）》第 99 頁。

〔註70〕見照史著〈鄉土文學先驅鄭坤五〉，《高雄人物述評（第二輯）》第 94 頁。

〔註71〕見《詩報》昭和 19 年（1944）9 月 5 日第 319 號 12 頁「騷壇消息」。

〔註72〕見陳春林〈祝鄭坤五先生六旬壽詩附刊小引〉，《原子能報》民國 35 年 9 月 21 日 4 版。見鄭氏剪貼簿。

忽被人稱耳順翁，當年志氣滿凌空。力能報國能增產，身免勤勞出
奉公。恩典自憐生有幸，戰時深愧老無功。捫心一事差堪慰，多養
男兒也是忠。（其二）

　　發動戰爭的日本帝國在幾乎彈盡援絕的窘境下，不敵盟軍兩顆原子彈的
催迫，天皇終於揭下神化的面紗，於 8 月 15 日公開在世人面前，以真實的人
聲向全世界宣布無條件投降。鄭坤五〈昭和橋送投降電音後即景〉寫下了最
生動的浮世實像，其詩曰：

沿途相見笑呵呵，愛國精神實足多。不意有人聆電後，如喪考妣淚
滂沱。

昭和天皇的世紀性投降廣播，讓臺灣人的命運再度改變。歡騰者有之，憂喪
者亦有之。殖民五十年的影響，在一瞬間呈現最直接的反映，值得深思。

第五節　臺灣光復之後——亦喜亦憂詩人老
（1945～1959）

一、喜迎光復，憂困隨至

　　昭和 20 年（1945）秋季日本無條件投降，臺灣重歸中國統轄。在這時代
的轉捩點上，鄭坤五有對聯一副記錄了當時的歡欣之情：

脫離倭人毒手謹奉三民主義

歸還祖國慈懷容叨五族共和

對於終能脫離日本殖民政權，重歸祖國，感到無比感懷，更對未來寄予極大
的期許。〈光復當初紀實〉一詩許是等了五十年才得以寫就的，其詩曰：

深愧青年未建勳，豈甘寂寂老無聞。記曾光復謀民食，氣壓倭奴海
陸軍。

原本自視無敵的日本軍隊，終究還是被盟軍打敗，臺灣重見天日，開啟了新
頁。詩人對未來充滿的高昂的熱誠與期待，試觀其〈祝國慶日賦（韻用「以建
民國以進大同」）〉、〈慶祝　國府還都賦（以題字為韻，限各在末字）〉、〈追悼
抗戰殉難軍民英靈誄〉〔註 73〕等等諸文，展現出對國民政府的熱情擁戴。例

〔註73〕原刊民國 35 年（1946）10 月 10 日《光復新報》（推擬）、民國 35 年（1946）
　　　　5 月 4 日《光復新報》、民國 35 年（1946）7 月 7 日（《光復新報》）。均收於
　　　　鄭坤五剪貼簿剪報。

如：〈光復新報・丙戌〔註74〕元旦祝詞〉〔註75〕：

> 地本膏腴，歎當年甘割神州左股。島原美麗，喜今日重入祖國慈懷。
> 恢復六百萬民權，恩同再造。解除五十年桎梏，慶得甦生。從茲碧
> 海無波，禹域無醜虜跳梁之擾。豐年有象，康衢有野人擊壤之歌。
> 回思卅四年前，內憂外患頻來。解用十三篇訣，近攻遠交奏效。迎
> 來光復元旦，獨異尋常。戴我革命殊恩，愈堪感憤。欣逢天河洗甲，
> 淑氣回寅。薄海騰歡，家家獻柏葉椒盤之酒。普天同慶，處處飄青
> 天白日之旗。值此履端伊始，佇看百廢俱興。國威彪炳，展榮譽而
> 宣揚八表。人權平等，行主義而奉三民。臺灣新生，定現模範之省。
> 祖國強盛，本為禮義之邦。文修武備，開五千年史上所無前例。人
> 傑地靈，建億萬載國運悠久宏基。

然而不久後，即始料未及地目睹了戰後臺灣內部的動盪不休，詩人的喜
悅消失了，〈晬夕感懷〉一詩寫出了鄭坤五的真正感受，其詩曰：

> 黃帝兒孫將自滅，燃萁煮豆火逾烈。不堪塗炭是蒼生，到處橫流漂
> 杵血。八年抗戰恥初雪，又濺鬩牆兄弟血。蚌鷸相持到幾時，祖宗
> 痛哭漁人悅。外戰□求內戰熱，連年兵燹未嘗滅。棄兒吮日枉歸宗，
> 觸目傷心不堪說。〔註76〕

詩歌中流露出了無比的惋惜與感慨！盼望了五十年，好不容易等到了回歸，
看到的局面卻是如此干戈向內的惡鬥，如何讓人平靜？詩人內心的沈痛，恐
怕是超乎於字表之外的吧！

二、高屏兩報，主持筆政

　　光復後鄭坤五很快地投入報社的工作，應邀擔任《光復新報》與《原子
能報》編輯人。創刊於民國34年（1945）12月21日的《光復新報》與民國
35年7月13日的《原子能報》，從名稱上就強烈地顯現出現代化建設的熱情，
而這也正是光復後對未來滿懷憧憬的鄭坤五的心境寫照。正如鄭坤五於《原
子能報・創刊詞》中所言：

> 創辦本刊，以宣揚國策，普遍文化、教育、政治、經濟，並介紹祖

〔註74〕丙戌，原誤作「丙戍」，今改。丙戌年即民國35年（1946）。又本文原標題作：
　　　　「丙戌元旦」、「元旦祝詞」，今省改。
〔註75〕原刊民國35年（1946）1月1日《光復新報》，收於鄭坤五剪貼簿剪報。
〔註76〕見鄭坤五手稿本。

國歷史、地理、風俗、習慣等等，使吾臺胞明瞭理解，同時指出臺
胞對于祖國之觀念及意識，貢獻與內外諸賢認識相信，免卻過去之
誤會。從誤會中，引起彼此互相理解，能協力合作，建設三民主義
之新中國為宗旨。

編輯的事業延續了他在青年時期編撰《臺灣藝苑》的經驗，也呼應了當時全
島的建設熱情。鄭坤五從此在報端大量發表社論短文，從時局的觀察分析、
政策的宣導建言，以至於小品補白等等，成為訴諸輿論並引導民意的記者角
色。事後他剪貼結集其中作品，題名曰《九曲堂時文集》，成為他光復初期最
具代表性的雜文作品。

　　士子報國主要在延續文化的傳承，因日治末期戰爭加劇而停止活動的詩
社，理當恢復其運作。今《雜記》手稿本中尚可見及當年由鄭坤五擬就的〈招
請鳳崗社員議事啟〉，正如其所言：

　　舊時筆槍墨彈，縱橫於淪陷區之中，豈今日鐘聲缽韻甘心寂寞於光
　　復之後？……正宜再接再勵，乘文獻之朝流，重整此騷壇旗鼓……
　　希望騷壇者宿，慷慨東山再起。

鳳崗吟社在眾人的合力之下，終於再度復社，社員們共推鄭坤五為社長，重
揚擊缽鐘韻之聲。鄭坤五遺世的老照片中保有一張民國42年（1953）9月20
日的「鳳崗吟社成立大會紀念」，鄭坤五持帽端坐前排正中，全體共有53人，
場面盛大。受到戰爭影響暫時隱抑的詩韻，彷彿即將要振筆飛書，大聲宣唱
了呢！

三、雄中屏女，四年師鐸

　　民國35年（1946）4月5日鄭坤五如願地取得編號「第一八號」「臺灣高
雄地方法院司法書士登記證」。一直以代書為業的鄭氏，取得了國民政府時代
的正式從業資格。同年7月1日，在與鄭氏私交甚篤的詩友、前高雄縣長陳
皆興的大力舉薦下，鄭氏以《鯤島逸史》一書送審通過，獲聘為省立高雄第
一中學國文科專任教員[註77]，任初中一年級導師，每週授課14小時。現今
仍可見鄭坤五於民國35年11月21日與高雄第一中學初級一年六班的紀念攝

[註77] 見省立雄一中聘書、聘約原件。又，查《臺灣省立高雄第一中學職員錄》載：
　　　鄭坤五到校日期為民國35年7月1日。當年同事尚有多位知名詩人，如：35
　　　年3月1日到校的澎湖陳春林、35年4月1日到校的臺中吳維岳、澎湖許成
　　　章等。

影。值得高興的是，雄中期間，身為人師的鄭坤五也取得了自 35 年 8 月 10 日起有效期限二年的「臺灣省中等國民學校教員甄選合格證」，正式具備初中國文教員的資格。直到隔年 7 月 31 日離職〔註78〕。總計在雄一中共任教一學年。

　　民國 36 年（1947）8 月 1 日，鄭坤五正式到省立屏東女中任教〔註79〕。在屏女任教期間，鄭坤五除了教授拿手的國文科之外，還曾經應聘擔任歷史、美術、礦物〔註80〕科目的教師，足見其多方面的興趣與才學。由今存《屏女校刊》創刊號所載當年的「新生入學訓練課程表」〔註81〕上，明列鄭坤五擔任講授「臺灣簡史」五十分鐘，可見鄭氏完成於民國 39 年（1950）的《臺灣五千年史》（又名《臺灣簡史》），原來早在民國 37（1948）年時已經開始逐步講授。這是鄭坤五當時擔任歷史科教學之餘，發揮敬業精神，精心研究整理的系統成果。在光復初期臺灣整體籠罩在回歸中國的教育氛圍之時，鄭坤五仍然致力臺灣鄉土歷史的傳授與寫作，他的精神著實可貴。〔註82〕

　　鄭坤五於民國 37 年（1948）還曾獲「年終考核成績列壹等」的獎勵。38 年 12 月又取得有效期限 6 年的「中等學校教員檢定合格證書」。直至民國 39 年（1950）退休，於 12 月正式辭職，時年六十六歲。或許四年教職中有些不甚如意，讓他寫下〈棄職（民國卅九年七月）〉一詩，頗有些不平之氣，試觀其詩曰：

> 道不能同不自然，招來委屈四經年。仰人鼻息朝新貴，折我腰枝愧昔賢。奉職幾成依賴性，得薪如受賣身錢。如今脫盡閒羈絆，依舊詩壇一散仙。

光復初期局勢不安，人世紛騰，即使是校園中亦時聞不靖。鄭坤五詩歌中透露了對人事上的極大不滿，「委屈」、「仰人鼻息」、「折我腰枝」等語詞，是過

〔註78〕見雄一中〈離職通知書〉。
〔註79〕根據《省立屏東女中校刊》創刊號第 30 頁「現任教職員一覽表」紀錄。民國
　　　　37 年 4 月 3 日出版。
〔註80〕據鄭坤五哲嗣鄭麒鋏表示：「先父曾在統領溪上發現亞碳礦脈，邀請日本碳礦
　　　　專家來研究。」見照史著〈鄉土文學先驅鄭坤五〉，《高雄人物述評（第二輯）》
　　　　第 98 頁。
〔註81〕見《屏女校刊》創刊號第 15 頁「新生入學訓練課程表」9 月 8 日 9：00～9：
　　　　50。
〔註82〕參見吳福助〈鄭坤五作品中的女子教育理念〉第 29 頁，東海大學中文系主辦
　　　　／編輯《戰後初期臺灣文學與思潮國際學術研討會論文集》，2003 年 11 月 29
　　　　～30 日。

去鄭坤五口中所謂的「衰颯語」，很少會出現在其詩文中，而今竟匯聚一處，想必詩人心中是深懷著極大的憤怨之氣，而「得薪如受賣身錢」一句更是言重了。雖然不能明曉詩人究竟受到哪些具體的委屈？但離職也是一種解脫，人生可以從此再開展出新階段的旅程。

四、總統召見，上呈建言

鄭坤五雖是退出杏壇，但健朗的體魄，旺盛的活力，使其雄心依然不減當年，他曾作一詩以明志：

> 老去雄心怎肯灰，精神一到石能開。好機每自窮途得，奇句多從險韻來。
>
> 歷經歲寒知節勁，度將腦畫得春回。武侯不是支危局，誰識經天緯地才！〔註83〕

退休後他擔任臺灣合會高雄分行總務課長，並膺任高雄縣文獻委員會委員。

民國40年（1951）辛卯詩人節，總統蔣中正召見全臺各地詩人耆老。南部嘉南高屏四縣市共有四位詩壇耆老名列「榮譽晉謁名單」，分別是鄭坤五、王澤修、林玉書、郭察淵。此四位詩翁年齡均達七十歲左右，報上稱此四位「皆秉具有一般詩人的熱情豪放，而且民族意識濃厚，氣節堅貞，詩格清新」〔註84〕。鄭坤五得蒙總統褒揚為愛國詩人，被讚為「民族意識濃厚」，這或許與他身為前清抗日武官之子有關，與在日治時期大倡漢詩有關，也與他在光復後持續關懷國事的言談作為有關，這些對於形塑其愛國愛鄉形象，都必然具有正面的作用。

應該就在這一次晉見總統的難得機會中，鄭坤五熱誠地上呈國政建言〔註85〕，建言內容，應該即是在其《雜記》手稿本中，鄭坤五以自稱「小老人」所擬就的一份草案。茲將此珍貴文獻抄錄，以紀其實。內容如下：

〔註83〕見鄭氏所藏民國40年6月4日剪報。

〔註84〕見民國40年6月4日鄭坤五受訪之專文剪報所記。

〔註85〕這份「總統府覆函」內容提到：鄭氏於「六月七日上　總統函」，由總統府秘書長王世杰具名答覆，覆函日期為「六月二十七日」。可惜此份文件編號印記不清晰，無法直接看出函覆年代。然查王世杰於民國39年（1950）3月1日至42年（1953）11月17日期間出任總統府秘書長。鄭坤五曾於民國40年辛卯詩人節受總統召見，換算為國曆即6月9日。筆者認為：鄭坤五極可能利用蒙受召見的難得機會，大膽上書，向總統提出建言。此覆函年代當以民國40年最為可能。

蔣總統閣下是小老人生平最景仰，宇宙間之事今日何幸得瞻芝宇！
閣下統攝萬機綽有餘裕，如陳辭修之於政治、蔣廷黻之於外交、蔣
公子經國，及孫將軍之治軍，以及儉李之財政糧會，並各機關政績
無不卓著。非閣下之明於用人，何以臻此百美俱備！何復贅言？然
機會難逢，丹沈一片，遂不計利害，冒昧條陳一二於左，野叟曝言，
幸垂亮察。

一選舉制度。候選人須先考試合格，然後候選。節省運動費，使貧
　而有才者，得以出身得第。

一對小有才者，不可使之失業，以薄薪羈縻之，以杜其惡化。

一娛樂機關太多，似宜小斂，不然則加以「遊興稅」。蓋在國家多事
　之秋，不使國民太耽於逸樂。

一要抑制迷信機關。光復後寺廟林立，乩壇如春筍，倘不略加節制，
　恐被惡用於山命卜相。職業者亦當善導之，使其改業，始合原子
　世紀文化。

一注重衛生：

1. 軍人衛生機關似宜加強，以保干城健康。民間衛生亦宜增設，
　對於防病及撲滅蠅蟲要加強。

2. 要獎用西醫。因國醫雖有四千年經驗，但除經驗秘方以外，不
　論學理、製藥均無科學的根據，如瘋癲病，國醫謂之「痰迷心
　竅」，猶以二千年前心主思想之說。行於今日，誤謬可知。或
　有聰明國醫主唱，欲乞政府開設國醫藥研究機關，但不論如何，
　終不能追及日進千里之西醫法，不若取其現成為便。

　這次的建言是鄭坤五對國事關切的極致表現，雖然最後「無福未獲拜謁
英姿」，但事後獲得由總統府秘書長王世杰署名的一份覆函，覆函中以「足見
愛國熱忱」稱許之。鄭坤五獲此覆函，內心十分高興。甚至就依此，為才剛出
生的孫子取名為「文龍」，以資紀念。

　此後在《雜記》本中，尚有另外幾則已經擬就的簽呈，是在辛卯（1951）
召見後的次年，即民國41年壬辰（1952）所寫。據文中所述，也是準備要向
總統蔣中正提出的建言，其序言曰：

　　自去年辛卯端午節寵承召見，無福未獲拜謁英姿。然所上條陳八項

〔註86〕，不但未蒙譴責，且承嘉獎，實感知遇之隆，深自慶幸。鑒於去年末，省議選舉結果極佳，所得人才皆屬克難俊傑，實為前此所未曾有，不勝為我國前途慶幸。目下已有伊尹、傅說，以佐堯舜之治，何須野叟獻曝？但小老人嘗有七絕云：「能得閒時未肯閒，愧無一策濟時艱。丈夫不負興亡事，俯仰羞生天地間。」行年雖六十八，然一息尚存，不能忘懷國事。欲盡愚者千慮，亦有一得之誠。是故不揣固陋，聊舉一端，冒昧上陳。

這次的建言顯然是受到了去年褒獎的鼓勵，僅就標目整理如下：

※事由：為利用廢物以克服時艱事。

※事由：為請許准發給倭人所埋藏山內廢鐵以建築兵營，並可以救濟工業界鐵之資源由。

※案由：擬請政府對軍隊警員以及中學以上學生，施以學習國術及柔道，以增進魄力，強化國家案。

※案由：擬請政府將美國之母的阮陳彩蓮傳記列入女子中學修身課本中，以發揮漢族女性之光。

※案由：擬請政府保護現在製冰業而禁止水果業者，不得兼製冰塊，並勿再許准製冰廠開設案。

※案由：擬請地方行政官廳，對於已經許准之各營業牌照，准其永遠（一生中）通用，免用每年更換牌照手續，以節省麻煩案。

※案由：擬請政府許准易地應納田賦、實物粟，自壹千臺斤以下小額，可以將新臺幣折納案。

※案由：擬請政府取消民營客運汽車，歸縣營以增縣府收入。

※案由：擬請政府分給各省議秘書一名，以資佐理。

※案由：擬請政府對軍用汽車使用前，必先檢查機件完全與否。

※案由：擬請政府整肅教員由。

※案由：新臺幣元宜改定金元或銀元。

※案由：鐵路火車宜改右行，以符車馬交通機關右行之規定。

〔註86〕上引建言僅見五項六法，未見「八項」。

洋洋灑灑十三項，但其中數項僅具標目，尚空乏辦法，顯然是未完成的草稿。則這次所欲建議事項，若未另作補寫，最終恐怕是無法進呈總統的。

鄭坤五於北上之前接受報紙專訪，暢談人生歷練，於 6 月 4 日公開刊登於報紙。訪問鄭坤五的這篇專文前，以如下的標題寫道：

> 衛國英雄哲嗣／民族意識極強
>
> 晚年閉門著述歷史文獻／鄭坤五詩翁生平事蹟

專訪中記述鄭坤五的家世、生平、文藝等，文中則指稱鄭氏之得以獲得召見，在於他「有其先翁遺傳的高度民族意識，和強烈嚮往自由，字裡行間，充分溢露。在日治時思國之聲，光復後憂國之思，無時不已。所以在老年閉門著書當兒，能獲到總統眷重召見，這種榮譽，得來非是無因。」〔註 87〕以鄭坤五作品綜合觀之，所謂「日治時思國之聲」，自是以日治時期大量詩歌表露心聲為多；所謂「光復後憂國之思」，則當推戰後屢屢析辨時事的議論思辨文章為主。不論是思國還是憂國，「國族認同」的嚮往，正是鄭氏文學生命中一項重要的基礎理念。基於這樣的理念，日治殖民時期國族淪喪，他寫作漢詩抒懷明志不輟、積極參與各地詩會、筆戰群雄維護舊文學、辦報普及文藝提倡風雅、寫小說推揚臺灣歷史……等等，似乎都一再呼應了「相約斯文延一脈」〔註 88〕的傳承漢文化於不墜的民族意識。

另外在該專訪中提到其晚年所編就的「臺灣歷史一書」，指的正是鄭坤五用力甚勤的《臺灣五千年史》之作，這一部大作實際上已於此前一年，即民國 39 年（1950）12 月便已完成，全文長達十餘萬字。在筆者所獲見的手稿本中，只見文字密密麻麻，加插的箋條以數十張計，交錯黏貼，頗難卒睹，然而由此卻正可見得鄭坤五寫作時之用心，及其細心補正資料的謹慎精勤。對於喜讀歷史，又曾為歷史教師的鄭坤五而言，或許正是以這一篇史著，為恰好見證臺灣光復的歷史轉折點作一總結。

在獲見總統的民國 40 年（1951）詩人節全國詩人大會，即敦請鄭坤五擔任詞宗。同年鳳山鳳崗聯吟會會場大門口上，高懸著鄭坤五力作的一幅長聯：

> 賴詩壇健將揮筆陣掃千軍準備打回大陸保存國粹吾人忙裡偷閒擊缽催詩題是有因寄慨
>
> 仰政府明公運智囊安五族必能奠定中原啟發文光志士傷時覓句嘔

〔註87〕以上引句俱見鄭坤五所藏民國 40 年 6 月 4 日剪報。然未詳何報。

〔註88〕見林獻堂〈庚戌櫟社春會，南北詩家畢至，喜而作歌，即呈在座諸君子〉。

心扼腕絕非無病呻吟

特殊的時代使命與當下的擊缽吟會結合為一，鄭坤五的對聯裏有時局的硝煙味、詩會的競爭氣，還有著對遠景的期待，與對參賽者的期許啊！

退休後的鄭坤五仍然經常參加各地的詩歌吟會，對傳統詩歌的熱情，始終未曾稍減。民國 43 年（1954）詩人已屆七十高齡，仍然精神奕奕地親赴鳳山參加鯤南七縣市秋季聯吟大會。直到民國 47 年（1958）10 月高屏三縣市舉辦秋季聯吟大會，鄭坤五仍受聘擔任首唱〈秋日登春秋閣〉左詞宗〔註 89〕。會後六個月，他便與世長辭。這是目前所見鄭坤五人生最後一次擔任詞宗的記錄。對於古典詩歌的熱情，直可用「鞠躬盡瘁」來形容。他晚年所作〈迫人詩〉一首最可見其詩人本色：

閒暇無詩寂寞過，有詩不作待如何。迫人佳句皆〔註 90〕天籟，積玉
堆金那厭多〔註 91〕。

詩人到老仍然堅持寫詩，胸中珠玉隨著歷練與年歲而愈加勃發，鄭坤五的詩筆，可謂終身不休。即使晚年體衰無法寫字，也仍然命其幼子鄭麒傑聆聽詩語後再記寫下來。鄭麒傑先生言及此事時仍表示：雖然當時年紀還小，但這一直是他多年來不滅的回憶。

五、含飴弄孫，多病惱人

鄭坤五晚年遷居高雄，受兒孫奉養，戶籍初遷至：高雄市前金區東金里光華巷 11 號，民國 47 年（1958）再遷至：同市苓雅區美田里 12 鄰中興街 173號。〔註 92〕兒孫繞膝的歡愉，使詩人晚年十分安慰。民國 45 年（1956）鄭坤五題寫自家門聯，書曰：

春滿乾坤民國富強家富裕

天增歲月吾人添壽子添孫

詩人在對聯中許下了年度四願：國強、家富、吾壽、孫添，這其實也是他晚年內在期望的總寫照，雖然很世俗，卻也很務實。體力漸衰是不爭事實，詩人雖然減少了外出的活動，卻也樂得與兒孫同嬉，在一首無題的詩歌中，他率真地寫下：

〔註 89〕見《中華詩苑》46 期。
〔註 90〕「皆」字手稿本一作「多」。
〔註 91〕本句手稿本一作「不律通靈且代勞」。
〔註 92〕見照史〈鄉土文學先驅鄭坤五〉，氏著《高雄人物述評（第二輯）》第 86 頁。

厭隨人赴風雲會，愛共孫嬉畎畝中。衰退精神難諱老，故存稚氣冀
還童。

還老返童的天真簡單，比風雲際會的聯吟競詩更吸引人，終究還是含飴弄孫
好啊！或許是感受到了歲月的無情流逝，鄭坤五在人生的最後四、五年裡，
每年都作有自壽詩，茲依時序排比並觀如下：

壽誕日紫羅蘭盛開〔註93〕

一雙粉臉暈朝霞，故意平添錦上花。多謝紫羅蘭祝嘏，盛裝參拜老
人家。（其一）

無情草木費疑猜，不定花期歲一回。何幸二喬雙獻壽，主人華誕汝
方開。（其二）

丙申〔註94〕元旦書憶

壯志何曾減昔年，歲登七二未華顛。救民才力雖嫌小，愛國精神尚
勃然。詩界略無名士妒，吟壇常有美人憐。兒孫繞膝春風裡，鯤島
逍遙一散仙。

七三自壽

長生免藉孔方哥，振作精神抗病魔。眼力昏花書遂遠，酒杯光後血
平和。賢能師友原非少，頑健兒孫不厭多。蔗境回甘庭戲彩，滿堂
歡笑大登科。

自壽〔註95〕

老猶進取敢辭慵，依舊年年不放鬆。徒食恥為消費者，力耕甘作硯
田農。里中鄰長難膺選，醉後鄉侯且自封。頑固愚夫殊倔強，鑽刀
猶望制蛟龍。

自壽〔註96〕

生自民前廿七年，濫竽詩界傍群賢。昔曾著論無神鬼，今笑全能有

〔註93〕本詩未註年代，惟前頁有「民國 44 年」記事，姑作鄭氏七十一歲壽誕日之
作。
〔註94〕丙申為民國 45 年（1956），鄭坤五時年 72 歲。本詩雖不以「自壽」為題，但
亦可視為年度感懷之作，故並列之。
〔註95〕本詩見手稿本，書於〈七三自壽〉詩之後，可視為〈七三自壽〉之續作。今
仍依詩人本題示之。
〔註96〕本詩見手稿本，書於〈七三自壽〉詩、前列〈自壽〉詩之後，可視為〈七三
自壽〉、前列〈自壽〉詩之續作。今仍依詩人本題示之。

貨錢。悟到是非皆假定，纔知黑白免拘牽。如斯便得長生訣，萬事
追隨大自然。

七四自壽

依舊生辰年復年，只差康健不如前。心情懶惰詩思廢，眼力朦朧畫
絕緣。自恃精神能抗病，恥從符籙妄修仙。豚蹄美酒全家樂，大會
兒孫介壽筵。

詩人本性的樂觀與幽默，即使到了人生的晚年，依舊不減。紫羅蘭盛開於壽
誕日，討得坤五仙極大的歡喜，一句「盛裝參拜老人家」，把叢叢鮮花都看成
了妙齡美女，嬌豔群來賀壽的風姿，詩人真是人老心不老啊！顯然鄭坤五是
真不服老的，看看「壯志何曾減昔年……愛國精神尚勃然」、「老猶進取敢辭
慵，依舊年年不放鬆」，說得多麼氣旺勢強！體能雖衰而心志不減，即使病魔
凶悍，詩人也不見畏怯。「振作精神抗病魔」、「自恃精神能抗病」，都顯示了
坤五仙強韌的意志力，以及不服輸的性格，一如其青壯時期。

人逢壽誕，往往不免回顧與省察。「悟到是非皆假定，纔知黑白免拘牽」
句，這是詩人以一輩子的經歷為代價，所換得的了悟。詩人對晚年生活是滿
意的，「蔗境回甘」是最好的人生，而他嚐到了！雖然心情懶、體力差、詩思
廢、畫絕緣，然而「兒孫繞膝春風裡」的溫馨，足以讓人開懷喜樂，自壽詩中
屢屢提及兒孫，這當是坤五仙晚年最大的樂趣來源，也是延年益壽的最佳妙
方。

民國 47 年（1958），是鄭坤五人生的最後一次生日，家族成員歡聚一堂，
和樂融融，詩人歡歡喜喜地寫下了〈七四自壽〉詩，雖然體衰多病頗為惱人，
但能見到兒孫滿堂，衣食豐足，真可謂福壽兼具，無甚遺憾了。

只是，鄭坤五晚年的健康的確不甚理想，他自知「康健不如前」（〈七四
自壽〉），詩歌中也常常提及。例如其〈病中〉詩，最能清楚得見詩人所受到的
病體折磨，詩曰：

無端老境迫衰翁，各病伺機盡反攻。腎敗肌膚浮水腫，筋酸關節起
炎紅。眼昏自作蚩尤霧，頭痛常罹魏武風。氣喘更添高血壓，大腸
閉結便難通。

看詩中所示多種的疾病，包括了腎水腫、筋骨酸痛、眼疾、頭風、氣喘、高血
壓、排泄不良等，則詩人承受之痛苦，實在令人不忍。其中的眼疾，恐怕是最
令詩人苦惱。他以模糊的視力寫下〈目霧〉一詩，其詩曰：

　　已如韓愈視茫茫，眼力年來大不同。人訝神仙雲氣繞，詩疑珠玉碧
　　紗籠。（其一）

　　花開霧縠冰紈裏，山在輕煙淡霧中。因悟認真招世忌，秋毫明察欠
　　圓通。（其二）

　　偎紅倚綠憶當時，嘯傲東風醉不知。夜半隔簾花弄彩，惱人春色迫
　　人詩。（其三）

視力的惡化，使年老的坤五仙深受白內障之苦，最後甚至不得不開刀治療。
〈內障受手術〉一詩便是手術成功之後的欣喜之作，其詩曰：

　　決意艱難忍一時，消除內障賴神醫。光明再現歡何極，生命更新喜
　　可知。鏡內病餘形似鬼，身中腫退骨張皮。憑吾毅力精神在，百廢
　　重興定可期。

重見光明的喜悅，溢於言表。也使鄭坤五對於提升自我健康，充滿了振奮的
信心與期待。

　　可惜人力終究難敵天意，民國48年（1959）4月12日未時〔註97〕，詩人
不幸病逝於高雄次子麒鈴家中，享年七十五歲。據鄭坤五哲嗣鄭麒傑表示：當
年中國廣播公司在晚間節目上，有詩人林子惠〔註98〕主持的講古單元，當時曾
講播《鯤島逸史》一書，每次一節，在敘述故事之後，都還加以評述闡發。其
先父過世消息傳出後，當晚的廣播節目中還曾默哀三分鐘之久，氣氛非常肅穆
哀淒。正在服喪的鄭麒傑先生親耳由廣播當中聽到，分外感到心酸。而一直廣
受好評，故事並已進行三分之二的《鯤島逸史》講古，往後依舊繼續講述下去，
直至全書播畢為止。只是原作者不幸中途凋零，讓聽眾們格外懷念不已。

　　鄭坤五最後安葬於九曲堂公墓，長眠於他所熟悉的故鄉。其墓旁錐形立
碑，正是依其生前遺願，大字刻上詩人早已自行擬就之〈預作墓碑詩〉：

　　街名明治盡翻身，縣號高雄太不倫。日化恥從光復後，墓碑猶署鳳
　　山人。

　　詩人熱愛鄉土的執著，在墓碑詩上可謂充分表露無遺；而其直言無畏的
不羈、仰天長嘯的瀟灑，依然至死不變，益發清亮。生為臺灣人，死為臺灣

〔註97〕根據鄭坤五墓碑銘文：即農曆3月初五日。
〔註98〕林子惠，號恩應。臺北蓬萊町人。素嗜文學，復耽吟詠，曾任天籟吟社幹事。
　　　　與鄭坤五為詩友。參黃洪炎編《瀛海詩集》第23頁。昭和15年（1940），臺
　　　　北：臺灣詩人名鑑刊行會發行。

魂，鄭坤五在人生的盡頭，仍然選擇以傳統漢詩表白個人心志，以詩人英姿離開人間，留給後世鮮明的傳統詩人形象，也帶給後輩無限的感佩與追念。

表 1　鄭坤五年表

紀　　年	鄭坤五記事	社會記事
1885 年 光緒 11 年 鄭氏 1 歲	7 月 16 日出生於臺灣楠梓。	5.8 中法天津條約，後法軍全面撤出臺灣。 9.5 臺灣建省。首任巡撫劉銘傳。 唐景崧出任臺灣兵備道。
1892 年 光緒 18 年 8 歲	（鄭坤五三夫人）黃秀涼女士出生於臺北。	2.1 設臺灣金砂總局於基隆。 林豪主編《澎湖廳志》完成。 丈單發放作業完成，撤銷清賦局。
1895 年 光緒 21 年 明治 28 年 11 歲	父親鄭啟祥，為臺灣民主國黑旗軍劉永福將軍委為打狗砲臺管帶。因負傷，攜獨子鄭坤五及家人逃歸福建漳浦。不久，父啟祥去世。	4.17 中日馬關條約簽訂。 5.25 臺灣民主國成立。 6.17 臺灣總督府假臺北舉行始政典禮。 10.19 劉永福走廈門，臺灣民主國亡。
1899 年 光緒 25 年 明治 32 年 15 歲	畢業於福建漳州漳浦高中學校，以初童應試。 隨母、妹返臺定居。 入鳳山國語傳習所日語速成科學習日語。	4.9 總督兒玉源太郎假彰化舉辦饗老典。 11.5 總督兒玉源太郎假臺南舉辦饗老典，後編成《慶饗老典錄》。
1900 年 明治 33 年 16 歲		3.15 總督兒玉源太郎假臺北舉辦揚文會。 12.3 饗老典第四次於鳳山辦務署舉辦。
1901 年 明治 34 年 17 歲	鳳山國語傳習所日語速成科畢業。	1.15《臺灣慣習記事》創刊。 6.1 總督府成立專賣局。 11.9 變更地方制度，全島分為 20廳。
1902 年 明治 35 年 18 歲	擔任臺南地方法院鳳山出張所通譯。	7.6 爆發南庄事件。
1911 年 明治 44 年 29 歲		2.8 阿里山鐵路通車。 3.3 梁啟超受櫟社之邀訪臺。 10.10 辛亥革命成功。

1912 年 大正元年 30 歲		大正天皇登基。
1917 大正 6 年 35 歲	池田直太郎調任噍吧哖支廳長。 安倍利三郎接任鳳山支廳長。	
1918 年 大正 7 年 34 歲		夏，林獻堂等倡六三法撤廢運動。 10 月美國威爾遜總統發表十四點和平宣言。
1919 大正 8 年 35 歲	喬遷新居，定居九曲堂。	1 月《臺灣文藝叢誌》出刊。 5.4 大陸五四運動起。
1920 大正 9 年 36 歲	4 月 1 日任大樹庄第一任庄長。 9 月 1 日安倍利三郎調任鳳山郡守。	7.16《臺灣青年》創刊。 7.21 地方行政制度變更。 11 月《臺灣通史》（上、中）出版。
1923 大正 12 年 39 歲	3 月安倍利三郎卸任。 4 月 1 日取得臺南地方法院司法代書人資格，認可書字號：「第一七二號」。 助成敷設無水寮水道。	4.15《臺灣民報》創刊。 4.16 太子抵臺視察 12 天。 9.1 日本關東大地震。 12.16 爆發治警事件。
1924 大正 13 年 40 歲	3 月辭大樹庄長職。 6 月 10 日以「雞聲茅店月」畫作獲第五回日本畫會主辦東洋藝術院賞金牌，獲贈獎狀及金牌。 受羅蕉麓邀請，參加假臺北江山樓詩人大會。 假臺北《臺灣日日新報》三樓舉行南畫展。	2.9 星社發行《臺灣詩報》。 2.15《臺灣詩薈》全 22 期出版。 4.21 張我軍於《臺灣民報》發表〈致臺灣青年的一封信〉。 4 月總督府編《新年言志》出版。
1925 大正 14 年 41 歲		1.29 鄭坤五〈至張我軍一郎書〉刊登於《臺南新報》
1926 大正 15 年 昭和元年　42 歲	10 月西澤時藏調任鳳山郡守。	12.12 假新竹北門外鄭氏家屋外召開新竹大詩會。

1927 年 昭和 2 年 43 歲	4 月 15 日《臺灣藝苑》發行第壹卷壹號，擔任編輯，並發表「九曲堂詩草」、「臺灣國風」等。	1.2 蔡培火提倡羅馬字。 10.27 第一屆臺陽美展開辦 3.20　上山總督假臺北召開全島詩人大會，後編《東閣唱和集》。
1929 年 昭和 4 年 45 歲	5 月辭《臺灣藝苑》雜誌社主筆職。	3.29《臺灣民報》改名《臺灣新民報》。
1930 年 昭和 5 年 46 歲	2 月 1 日《臺灣藝苑》停刊，共發行 23 期。 10 月 9 日《三六九小報》首見鄭作「滑稽詩話」。	8.16 黃石輝〈怎樣不提倡鄉土文學〉，掀起鄉土文學論戰。 9.9《三六九小報》創刊。 10.27 爆發霧社事件。 10.30《詩報》創刊。
1931 年 昭和 6 年 47 歲	1 月 1 日《詩報》第三號鄭坤五為「篇輯員」。 2 月 19 日《三六九小報》第 48 號開始連載〈大陸英雌〉。	7 月郭秋生等掀起臺灣白話文論戰。 8.5 蔣渭水卒。 9.18 九一八事件爆發。
1932 年 昭和 7 年 48 歲	1 月 17 日鄭坤五〈就鄉土文學說幾句話〉發表於《南音》1 卷 2 期。 7 月 6 日起連載〈消夏／迎春小唱〉於《三六九小報》。	1.1《南音》創刊，全 12 期闢「臺灣話文討論欄」。 11.8《南音》停刊。
1933 年 昭和 8 年 49 歲	1 月 16 日《三六九小報》第 189 號〈大陸英雌〉連載止，未完。	4.20 林朝崧《無悶草堂詩存》五卷出版。 5.15 臺北帝大刊行《新港文書》。
1934 年 昭和 9 年 50 歲	題《鯤海鐘聲集》。	3 月《臺灣人士鑑》發行。 10 月楊逵〈送報伕〉獲獎。
1935 年 昭和 10 年 51 歲	9 月 6 日《三六九小報》最後一期第 479 號鄭作「話柄」。	4.21 關刀山大地震。 5.9《風月》創刊。 10.10 起臺北「始政四十年紀念博覽會」。
1936 年 昭和 11 年 52 歲	1 月 9 日黃秀涼女士松竹洋裁院卒業。 春，題〈東寧鐘韻跋〉。	12.22～24 郁達夫訪臺。

1937 年 昭和 12 年 53 歲	黃秀涼女士加入日本女性文化協會。 參加全島聯吟大會，任右詞宗。	4.1 日本總督府通令各報：廢止中文欄。 4 月強制廢止漢文書房。 7.7 爆發蘆溝橋事件，中日戰爭全面展開。 7.20《風月》更名《風月報》。
1939 年 昭和 14 年 55 歲	首次投稿《風月報》，以〈破書籤〉連載於第 93、94 期。	5.19 小林總督宣布：皇民化、工業化、南進基地化三大政策。 8 月彰化應社成立。
1940 年 昭和 15 年 56 歲	攜眷遊恆春、鵝鑾鼻等地。	5.27 爆發瑞芳事件。
1941 年 昭和 16 年 57 歲	9 月 1 日於《南方》發表〈對臺灣詩人七大毛病再診〉，展開第一期論戰。	6.1 元園客〈臺灣詩人的毛病〉，引發新舊文學論戰。 7.1《風月報》更名《南方》半月刊。 12.7 日軍偷襲珍珠港，太平洋戰爭爆發。
1942 年 昭和 17 年 58 歲	9 月 15 日《鯤島逸史》首先發表於《南方》第 160 期，後逐期連載至第 174 期止。 展開第二期文戰。	8.15 陳逢源《西窗墨滴》出版。 8 月爆發東港特高事件。
1943 年 昭和 18 年 59 歲	8 月 15 日於《南方》第 180、181 期開始連載〈蓬萊清籟〉。	1.31 賴和逝世。 5.12 實施海軍志願兵制度。 11.27 中、美、英發表開羅宣言。
1944 年 昭和 19 年 60 歲	1 月 1 日《南方》第 187 期最後一次刊登《鯤島逸史》，未完。 3 月 30 日南方雜誌社出版《鯤島逸史》。 9 月 5 日以「杖鄉」為題徵詩祝壽，得各界賀詩千餘首。	9.5《詩報》末期 319 號，後停刊。 3.25《南方詩集》末期 190 期，後停刊。 4.19「皇民奉公會」成立，積極推展「皇民化運動」。
1945 民國 34 年 61 歲	1 月 7 日繼室蔡來發女士卒。 擔任九曲堂保護者會會長。 擔任九曲堂公學校家長會長。 光復後，鳳崗詩社復社，公推為社長。 12 月 21 日《光復新報》創刊，聘為編輯。	5 月吳濁流《亞細亞的孤兒》完稿。 8.15 昭和天皇宣布無條件投降。 10.15 假臺北公會堂行臺灣區受降典禮。 10.17 中國軍隊登陸基隆。 12.29 物價上漲數十倍。

1946 民國 35 年 62 歲	4 月 5 日取得「臺灣高雄地方法院司法書士登記證」「第一八號」。 7 月 1 日受聘為省立高雄第一中學專任教員。 7 月 13 日《原子能報》創刊，受聘為編輯。 8 月 10 日取得行政長官公署教育處檢覈及格之「臺灣省中等國民學校教員甄選合格證」，通過「初級中學教員」資格，有效期間自民國 35 年 8 月至民國 37 年 7 月。	1.15 公布臺灣省漢奸總檢舉規則。 1 月《人民導報》發刊。 4.2 臺灣省國語推行委員會成立。 5.1 臺灣省參議會成立。 9.14 中等學校禁止使用日語。
1947 民國 36 年 63 歲	4 月 1 日受聘任省立高雄第一中學國文、歷史科教員，並任初一導師。 7 月 31 日自雄一中離職。 8 月 1 日受聘任省立屏東女中教員。 花朝前一日赴臺北瀛社主催全島聯吟會。	2.28 爆發二二八事件。 5.16 臺灣省政府成立。 10.2 中學教員檢定試驗，全省合格者僅 13 名。
1948 民國 37 年 64 歲	1 月 31 日受聘任省立屏東女中歷史科教員。 2 月高雄《光復新報》聘為顧問。 任屏東女中校刊編輯，創刊號於 4 月 3 日出版。 9 月 8 日於屏女新生訓練講授「臺灣簡史」。 9 月 13 日教育廳考績貳等通知。	5.20 蔣介石就任中華民國首任總統。 8.1 臺灣省通志館成立，首任館長林獻堂。 12.25《國語日報》創刊。
1949 民國 38 年 65 歲	11 月 3 日獲省立屏東女中年終考核成績壹等獎狀一紙。 12 月取得經臺灣省政府教育廳檢覈及格之「臺灣省中等學校教員檢定合格證書」通過「初級中學校國文科教員」資格，有效期間六年。	2.4 公布實施三七五減租。 5.20 發佈臺灣地區戒嚴令。 6.15 幣制改革。舊臺幣 4 萬元換新臺幣一元。 6.21 實施懲治叛亂條例、肅清匪諜條例。 10.1 中華人民共和國成立。 12.7 中華民國政府遷都臺北。
1950 民國 39 年 66 歲	12 月自省立屏東女中退休。 12 月完成《臺灣五千年史》稿。	6.25 韓戰爆發。 全臺劃分 5 市 16 縣，實施地方自治。

1951 民國 40 年 67 歲	教員退休後任臺灣合會高雄分行總務課長。 詩人節蒙總統召見，報紙於 6 月 4 日刊登專訪。 6 月 8 日孫出世，取名「文龍」。 6 月 9 日辛卯詩人節全國詩人大會聘為詞宗。 鳳山鳳崗聯吟會親題長聯，高懸會場。	1.7 各縣市第一回縣市長選舉。 12.10 臨時省議會成立，首任議長黃朝琴。 《臺灣省通志稿》開始陸續出版。
1954 民國 43 年 70 歲	10 月 24 日參加鳳山鯤南七縣市聯吟大會，並全體合影留念。	10.10 洛夫等成立創世紀詩社。 12.3 簽署中美共同防禦條約。
1958 民國 47 年 74 歲	為白內障所苦。 10 月高屏三縣市秋季聯吟首唱〈秋日登春秋閣〉左詞宗。	8.23 八二三砲戰。
1959 民國 48 年 75 歲	民國 48 年（1959）4 月 12 日未時逝世於高雄市前金區東金里光華巷十一號，其次子麒鈴家（照史一說：苓雅區美田里十二鄰中興街一七三號，其四子麒鎂住宅），享年 75 歲。葬於九曲堂公墓。 墓旁立碑刻其〈預作墓碑詩〉。今存。	8.7 八七水災。
1968 民國 57 年	1 月太陽出版社改名為「臺灣逸史」，並翻印。後臺視改編為連續劇「鳳山虎」，大異原作。	9.1 九年國民義務教育開始實施。

第三章　文學文獻研究

　　胡樸安、胡道靜《校讎學》：「治書之對象為書本，其目的將校理訛亂書籍，使各還其真也。……治學必以書本為根據，若書本不真，所治之學必膚淺誤謬。故治書乃治學之基本功夫。」〔註1〕治書是瞭解作家作品的基礎，亦即文學文獻的整治，以提供正確而且完整的作品為基本目標。

　　在臺灣目前缺乏完整鄭坤五文學全集的情況下，筆者必須先從最基本的作品文字校勘做起。這一基本功的進行，需藉助於傳統學術中目錄學、版本學、校勘學的方法。在探析其文學價值之前，同樣等重進行於鄭坤五的研究中。以現代學術而言，稱之為文學文獻學。所謂的「文學文獻學」是：

　　　　文學文獻學，是以有文字記載的、有某種載體的文學作品和著作為
　　　　對象，以目錄學的原理為基礎，並運用版本、校勘、辨偽、輯佚、
　　　　編纂等知識的理論與手法，從而研究蒐集、鑑別、整理、利用文學
　　　　文獻的規律和方法的學科。它揭示和反映了文學文獻的種類及其源
　　　　流、出版物的演變歷史等。它有利於文學作品原貌及流傳利用情況
　　　　的探索，為文學作品的詮釋，奠定了堅實的文獻考據基礎。〔註2〕

第一節　文學文獻知見錄

　　坤五文學作品產量極大，終其一生，可謂以文學為職志。其作品散見各

〔註 1〕胡樸安、胡道靜《校讎學》第 2 頁，臺北：商務，1990 年。
〔註 2〕見吳福助〈「文學詮釋學」理論體系的建構〉，收在東海大學主編《傳統文學
　　　　的現代詮釋研討會論文集》第 6 頁，臺北：文史哲，1998 年 4 月初版。

報刊，但以日治時期以至光復初期臺灣地區報刊散佚情形嚴重，要完成收集並非易事，加以鄭氏並未於其生前完成整理，因此鄭氏文學的研究，必須先從作品的分類彙錄、校對編輯上著手，使文本能較為集中呈現，作為深入賞析的完整基礎。換句話說，《鄭坤五全集》是必要的。

　　個人別集的完編，是作者文學生命的總體呈現，也是反映歷史的一面鏡子；可以讓嘔心瀝血的創作成果，跨越時空的界線，繼續延長其光熱情采，也方便後輩晚生觀摩學習。在存史與立教雙方面，同時具有積極性的作用。

　　以鄭坤五存世知見作品的型態而言，至少應有以下幾種類型：

　　一、漢詩，內含九曲堂詩集（含古體詩、近體詩、詞等）、辭賦駢文、詩
　　　　話（含〈蓬萊清籟〉）、白話詩（〈臺灣國風〉）。

　　二、小說部，內含長篇、中短篇。

　　三、雜文部，內含新舊文學論戰諸文、專欄什文、《九曲堂時文集》。

　　四、歷史部，內含《臺灣簡史》、〈讀史管見〉等。

　　筆者所見這一批原始文件的內容，舉其大者簡介如下，期許能為臺灣文學界新添一份珍貴的文獻：

一、詩歌部

（一）九曲堂詩集

　　在鄭坤五私人專用稿紙的版心上印有「九曲堂詩集」五字，這是鄭坤五為個人詩歌合集所自擬的名稱。雖然他生前並未真正結集出版，但此名其實透露了詩人對未來個人詩集的期許。

　　「九曲堂詩集」應有廣義與狹義之分，廣義者，是泛指所有詩歌型態的作品，包括舊詩、新詩、民謠等；狹義者，是專指傳統古、近體詩、詞而已。鄭坤五的詩歌寫作體裁十分多元，對於名稱的使用也有自覺性，他稱新詩為「新體詩」，稱民謠為「白話詩」，在刊物上發表的古典漢詩則稱「九曲堂詩草」，因此今日統整鄭坤五各類古典漢詩，可說是擴充「九曲堂詩草」的內容。詩人生前以「詩草」謙稱己作，今日一則為區隔「九曲堂詩草」的獨立性，一則為實現詩人對個人詩集的初心，筆者認為：吾人今日彙集其作，應仍以「九曲堂詩集」之名稱之。

　　「九曲堂詩集」的內容，以發表型態而言，可分為合輯與散見二種。合輯是指以獨立名稱的專輯型態發表者，這有兩個部分，其一為鄭坤五生前自

選發表的「九曲堂詩草」，其二為鄭坤五身後，許成章選輯發表的「駐鶴軒詩集」。其餘則為散見，包括閒散詩作、擊缽課題、畫卷題詩等。以數量而言，則散見者遠遠超過合輯。

「九曲堂詩草」，這是鄭坤五生前對個人已發表詩歌作品的統稱。此專欄最早出現在昭和 2 年（1927）4 月 15 日、由鄭坤五擔任主編的《臺灣藝苑》第壹卷壹號第 25～28 頁。這一期總共刊出 28 題 31 首詩作。再者，是從昭和 10 年（1935）1 月 1 日到昭和 16 年（1941）1 月 1 日，長達六年之間分七次刊登在《詩報》上的專欄。另外，在鄭坤五自製的剪貼簿上，也有三次未註出處的剪報。總標題皆作「九曲堂詩草」，僅有一次作「九曲堂詩艸」。「草」與「艸」一般通用，二者可以合觀。

特別的是，《詩報》昭和 15 年（1940）9 月 1 日第 231 號 22 頁別出「九曲堂詩草　歪詩部」，所謂「歪詩」，其實是「戲作」的意味。觀其所錄五題，或題出新意，如：〈母大蟲〉；或生活記趣，如〈家鄰自轉車店，時有車輪破，聲如爆竹〉；或見聞嘲諷，如：〈情場回顧〉、〈與家駒君同車知君有所觸目，代成一絕以賀眼福〉、〈嘲某議員〉，詩語諧謔，雅俗不拘。作者剪貼簿中尚有「九曲堂滑稽詩集」的剪報，亦率皆如此。同樣的風格也見於「打油詩」與「祭典竹枝詞（打油體）」，可以統歸於「九曲堂詩草　歪詩部」下併觀。

鄭坤五既標示「九曲堂詩草」與「九曲堂詩草　歪詩部」的區別，顯示他自覺性地將自我詩作區分為雅、俗二類。傳統崇尚「詩歌宜雅」〔註3〕，詩歌以「雅」為正格，鄭坤五將未臻雅境的「歪詩」獨立標舉，這除了與詩人諧謔不羈的性格有相關之外，似乎也是詩人意欲別有寄託的緣故。鄭坤五在光復後有〈戲題九曲堂詩草〉〔註4〕點顯端倪，其詩曰：

> 臺灣兩字足稱奇，九曲名堂始合宜。寰〔註5〕境覺難容正直，只堪隨傷作歪詩。

詩人以「臺灣」之奇為傲，然「九曲」才足以道出其中名堂之奇之妙。詩人一語雙關，既將居地九曲堂冠為詩草之名，也暗喻臺灣多舛的命運，與多樣豐美的內涵。在其當世環境裡「難容正直」，是黯然指陳日治殖民高壓的不公不義，在異民族統治的時代裡，社會諸多的強霸不平與對百姓的種種限制壓抑，

〔註3〕曹丕《典論論文》句。
〔註4〕此詩見作者手稿。
〔註5〕「寰」字，原稿作此。鄭坤五慣將「環境」之「環」字寫作「寰」字。

讓詩人無法完全放懷直吐胸臆，不得已，只得「隨傷」嬉笑怒罵，雖嫌不夠雅正，卻反而可以掩飾悲愁苦悶的心情。歪詩、滑稽詩的出現，不也正是扭曲的亂世中，一種婉曲無奈的側寫嗎？文人身當亂世而以狂放處之，魏晉竹林七賢如此，明代徐渭如此，日治時期鄭坤五也心有戚戚焉，在歷史上常屢見不鮮，竟易地輪迴啊！

收歸於「九曲堂詩草」大題之下的作品，初步合計約達94題110首。

表2　九曲堂詩草一覽表〔註6〕　　　　　※製表：林翠鳳

主要刊物、日期	詩　題	統計
	九曲堂詩草	
《臺灣藝苑》第壹卷壹號昭和2年4月15日第25～28頁	1. 羅漢松、2. 水鏡、3. 胭脂虎、4. 觀音竹、5. 蜃樓、6. 水中天、7. 虎皮狗、8. 虎爪菊、9. 酸風、10. 讀書聲、11. 情天、12. 相思樹（二首）、13. 薔薇、14. 意馬、15. 竹馬、16. 讀畫（三首）、17. 宦海、18. 殺人光線、19. 寒燈、20. 手錶、21. 自由結婚、22. 偶成、23. 拇戰、24. 溫柔鄉、25. 虎倀、26. 心火、27. 詩種、28. 社會黑幕	28題31首
《詩報》昭和10年1月1日第96號10頁	1. 智珠、2. 破靴黨、3. 書淫、4. 情敵（二首）、5. 騙豬	5題6首
《詩報》昭和10年2月1日第98號5頁	1. 書帶草（二首）、2. 詩種【重出】、3. 老妓（二首）、4. 讀書燈（三首）	4題8首
《詩報》昭和10年2月15日第99號4頁	1. 春衣（二首）、2. 紅友（二首）、3. 星彈、4. 雨絲（二首）	4題7首
《詩報》昭和10年5月15日第105號2頁	胭脂虎【重出】	1題1首
《詩報》昭和11年6月15日第131號5頁	1. 落花、2. 和春林老二並寄李三郎、3. 義捐金、4. 題自畫山水、5. 烏狗、6. 偽醫、7. 諂骨、8. 偶因自轉車兩斷跌落受傷賦此解嘲、9. 輓南社社長趙雲石先生、10. 生活線、11. 情魔（二首）、12. 雛妓	12題13首
《詩報》昭和15年9月1日第231號22頁	1. 喜黃朝欽先生光降、2. 詠ラデオ體操	2題2首

〔註6〕「九曲堂詩草」筆者已完成校註，詳見林翠鳳主編《鄭坤五研究【第一輯】》。臺北：文津，2004年11月。

《詩報》昭和 16 年 1 月 1 日第 239 號 55 頁	1. 新春試筆（二首）、2. 龍泉寺攬勝、3. 詞宗眼、4. 憨虎、5. 情書、6. 齒科院所見、7. 蕉絲、8. 藝苑、9. 吊肉跋死貓、10. 酒旗風（二首）、11. 伍員簫、12. 漁村曙色（二首）	12 題 15 首
作者剪貼簿〔註7〕	1. 意匠、2. 義捐金【重出】、3. 落花【重出】、4. 無電早操【重出】	4 題 4 首
作者剪貼簿〔註8〕	1. 香巢限麻韻（二首）	1 題 2 首
作者剪貼簿〔註9〕	1. 敝帚、2. 題自畫墨水牡丹、3. 無電早操【重出】	3 題 3 首
九曲堂詩草　歪詩部		
《詩報》昭和 15 年 9 月 1 日第 231 號 22 頁	1. 母大蟲、2. 情場回顧、3. 家鄉自轉車店，時有車輪破，聲如爆竹、4. 與家駒君同車知君有所觸目，代成一絕以賀眼福、5. 嘲某議員	5 題 5 首
九曲堂滑稽詩集		
作者剪貼簿	九曲堂滑稽詩集： 1. 視錢如命（二首）、2. 錢孔鑽、3. 王八蛋、4. 眉語、5.食糵	5 題 6 首
	打油詩： 1. 宣統先生、2. 末次信正、3. 寺內壽一、4. 重光葵、5. 長谷川清、6. 車錢起價、7. 月臺無屋蓋、8. 中山袋、9. 銃禍	9 題 9 首
	祭典竹枝詞（打油體）： 1. 爹老爺、2. 駛犁歌、3. 尼姑弄、4. 刣獅	4 題 4 首
合計（扣除重出者）	重出者：1. 詩種擊缽限三肴、2. 胭脂虎、3. 義捐金、4. 落花、5. 無電早操	94 題 110 首

　　〈駐鶴軒詩集〉見於民國 70 年（1981）《高市文獻》第 8 期〔註10〕，作者欄題「鄭坤五遺作」，這是一份由曾經從學於鄭坤五的許成章所提供的詩稿，全編共刊登 53 題 56 首詩〔註11〕。這些詩作其實是珍藏於許氏手中的《九

〔註7〕原作「九曲堂詩艸」。
〔註8〕原作「九曲堂詩草」。
〔註9〕原作「九曲堂詩艸」。
〔註10〕〈駐鶴軒詩集〉見《高市文獻》第 8 期第 131～137 頁。民國 70 年（1981）
　　　　9 月。
〔註11〕〈駐鶴軒詩集〉所錄各詩，經筆者根據手稿本重新校勘後，分別收錄於林翠
　　　　鳳主編《鄭坤五全集及其評論》。鳳山：華泰，2004 年 8 月；與林翠鳳主編
　　　　《鄭坤五研究【第一輯】》。

曲堂詩集》原稿本的一部份，未與「九曲堂詩草」諸作有任何的重複。吾人亦取得這一份原手稿本。「駐鶴軒詩集」一名，經目驗鄭氏「九曲堂詩集」原稿本，是絲毫未見有任何類似自題的稱名的。此「駐鶴軒詩集」之取名，當為許成章代為題擬，淵源於鄭坤五生前曾自號「駐鶴軒主人」之故。

除了「九曲堂詩草」的 94 題 110 首，及〈駐鶴軒詩集〉的 53 題 56 首詩，合計 147 題 166 首詩歌之外，鄭坤五其他的詩歌作品皆為散見，或在報刊零見偶出，或在手稿本中，未詳是否公開發表過。

從手稿本的眉批上可以看到：鄭坤五對其詩歌創作數量，曾作過幾次自我統計。例如：在《思》手稿本〈艾虎〉詩上眉批：「自三十年一月至三九年十一月，累計九年間 2053 首。」〈出岫雲——祝文石、皆興中選省議〉詩上眉批：「最近十年，至 41 年 5 月初止，共計 2127 首。」這樣的統計並不常見，但詩人既然計數到個位數，顯然是意圖接近精確的計算。比較更晚近的自我統計，是時年六十六歲、民國 40 年（1951）詩人節前夕報紙訪問專文，文中他自稱：「自知詩而至今天，寫下了五千首詩」。所謂「知詩」，大約是在十五歲之前，「五千」則當是概約之數。依此推算，近十年約 2000 餘首詩，之前四十餘年約近 3000 首，則似乎鄭坤五創作傳統漢詩的高峰期是在 1940～1950 年之間。不過，以日治時期鄭坤五於臺灣各詩社吟會的活躍程度看來，前四十年的詩歌寫作數量，或許應該較其所說更多才對。

但以現今所能得見者而言，綜合手稿本與報刊，粗估大約二千首詩，這與鄭氏自言之「五千首詩」還有相當一段距離，尚有待更多的文獻出土。

就目前所存鄭坤五詩歌而言，其寫作年代大約始自他二十餘歲之時，可以確認年代的最早作品為明治 44 年（1911），坤五 29 歲時所作之〈偶閱新報見支那革命軍佔領武昌〉〔註12〕：

> 有志男兒願必償，肯容人占漢封疆。巧徵奇瑞如天授，一舉成功得
> 武昌。

這首詩是記錄武昌革命起義之事，乃民國前一年之作。若依照手稿本中詩歌的排列順序看來，在此詩之前的作品尚有〈傷別〉、〈夜讀〉、〈苦熱〉、〈朦朧月〉、〈讀新報〉、〈風雨後之九曲堂〉等二十餘首詩，這些詩歌的寫作年代都可能比〈偶閱新報見支那革命軍佔領武昌〉一詩要早，只可惜皆無從辨析年代。但至少可知：現存詩歌都是鄭坤五自漳浦返臺之後的作品，尚未發現其

〔註12〕「革命軍」，手稿本原脫「命」，補之。

居閩時期的少作。

　　至於年代最晚的作品，則直到民國 47 年（1958）七十四歲壽誕時仍可見其〈七四自壽〉、〈和子波先生見惠壽詩瑤韻〉之作。但該本手稿中依序列於最末的三首詩則分別是〈預作墓碑詩〉、〈內障受手術〉、〈病中〉。鄭坤五手稿本詩歌是不按照時序排列的，雖然未能確認何者為其人生最後一首詩，但至少可以確認：詩人直到他在世的最後一年，仍舊緊握筆桿，寫詩不輟。長達一甲子以上的文學創作歷程，最終仍以詩歌書寫生命的餘火，精神令人感佩。

　　附帶一提的是，根據謝松山《新舊文學轉捩點的鄭坤五》指出〔註 13〕：曾受周軒德先生贈送《文鶴詩鈔》一份，這是他抄錄鄭坤五詩作的集子，共計有 18 首〔註 14〕。周氏並自附跋語及題贊曰：

　　　　鄭坤五亦南畫家，工繪虎、山水，多才多藝，詩、書、畫三絕，為
　　　　南臺鳳山名士。

　　　　畫虎聖手，詩文翹楚。

字裡行間充滿了對鄭坤五的推崇。

　　謝文中說這些詩「未曾註明出處」。而據筆者查閱：其中〈春望〉、〈四重溪〉、〈祝鯤南詩苑創刊〉、〈朝來──「香奩〔註 15〕集」〉、〈貝湖攬勝〉等詩，同樣出自民國 45 年（1956）6 月《鯤南詩苑》創刊號〔註 16〕；而〈情魔〉、〈小東門弔古〉、〈弔屈原〉等詩，皆出自民國 45 年 8 月《鯤南詩苑》一卷二期〔註 17〕；再有〈苦熱〉、〈花影〉等詩，同樣出自《東寧擊缽吟前集》〔註 18〕；其他〈曹公祠懷古〉、〈銅爵臺〉、〈花影〉、〈單相思〉、〈名利熱〉、〈軟盜〉、〈題自畫雪中虎〉、〈觀棋〉各詩亦皆可於手稿本中見及。

（二）詞賦駢文

　　擅長詩歌寫作的鄭坤五，精彩的詩筆也發揮在詞賦駢文的寫作上。

　　鄭坤五填詞之作今日所見並不算多，僅得四闋。依時序言，〈時事感懷

〔註 13〕見謝松山《新舊文學轉捩點的鄭坤五》第 1 頁，高雄：春暉，2001 年 1 月初版。

〔註 14〕謝文原稱「十七首」，然細數該文列出的鄭坤五詩作題目，共達十八首，因修正之。

〔註 15〕謝文「奩」字前原衍「區」字，刪之。

〔註 16〕依序分見《鯤南詩苑》創刊號第 9、14、18、40、19 頁。

〔註 17〕依序分見《鯤南詩苑》一卷二期第 7、15、34 頁。

〔註 18〕依序分見曾笑雲編《東寧擊缽吟前集》第 81、288 頁。

調寄西江月〉見於民國 37 年（1948）4 月 3 日出版的《省立屏東女中校刊‧創刊號》[註19]，當屬最晚，其餘三者均見於手稿本，年代較早。茲以資料希罕難得，依序分錄如後：

調寄西江月　　不滿某顯者

一日羅權在手，即時把令來行。任他氣焰忒薰騰，只惹傍觀齒冷。汝自凶睛反白，誰歡肉眼垂青。縱然四面楚歌聲，可奈昏迷不[註20]醒。

調寄浪淘沙　　新秋

一葉墜階時，洩漏天機。涼生枕簟睡初宜，退盡炎威。魂夢隱，雨正霏霏。

蟬響[註21]度疏枝，風更如絲。酬他清籟可無詩，得句莫題。團扇去，怕較班姬。

淡江秋色　　調寄滿宮花 [註22]

水瀰瀰，秋寂寂，對面屏山凝碧。淡江兩岸起西風，無數蘆花曳白。鐵橋橫，野煙積，放眼蒼茫何極。等閒佇望足魂銷，況值斜陽暮色。

時事感懷　　調寄西江月

印遲猶爭獨立，九龍肯許跳梁。須知帝制強爭光，返照斜陽一樣◎萬縣抗爭未久，那堪外侮[註23]重重。當年排日氣豪雄，儘有前規可用。（其一）

大戰兩造破敗，僅存帝制餘生。紙糊老虎有何能，強在人前逞勁◎各地殖民覺醒，不為他族犧牲。與其冒昧[註24]肆蠻橫，何苦及時反省。（其二）

　　鄭坤五辭賦駢文之作亦頗有可觀。以目前所見，大多為光復後的作品。光復前有〈東寧擊缽吟前集跋〉、〈東寧鐘韻跋〉兩篇，為書後跋語，文辭瑰

[註19] 見《省立屏東女中校刊‧創刊號》第 33 頁。

[註20] 「不」字與原「未」字並列。

[註21] 「響」字原誤作「嚮」字，今改。

[註22] 一般慣例：曲牌書於前，序記題於後。鄭坤五手稿本所記恰相反，下題〈時事感懷　調寄西江月〉刊登於公開刊物上，亦相反。茲仍其原貌，以存文獻。

[註23] 「侮」字原誤作「梅」，今改。

[註24] 「昧」字原誤作「妹」，今改。

麗，對仗工整，壓縮典故，是精美的駢文。

　　新舊文學論戰期間，為了凸顯古典文學，在一片喧鬧謾罵聲中，鄭坤五特作〈假詩醫賦〉、〈狺放屁狗賦〉嘲諷對手，雖是引經據典，鋪陳直敘，符合辭賦的技巧要求，但畢竟訴求於責備嘲弄新學支持者，視為遊戲之作，或者較為恰當。附帶的，〈不通桶（遊戲八比文）〉亦然。

　　臺灣光復之後，藉著主持《光復新報》、《原子能報》之筆政，鄭坤五發表了大量的辭賦作品，尤其是《光復新報》，尤為其發表的主要刊物。這些作品固然洋洋灑灑，措辭偉正，但多是對當政者的歌功頌德之作，推崇之語連篇，文學性高於其思想性。

　　但發表於《省立屏東女子中學校校刊‧校慶紀念創刊號》上的兩篇辭賦〔註25〕，則雅正端莊不失平易，用典巧善有助教化，是適合於校園師生理解欣賞的作品。

表3　鄭坤五辭賦駢文作品（附古文）一覽表

序	題　目	年代與出處
1	東寧擊缽吟前集跋	昭和9年（1934）甲戌初春《東寧擊缽吟前集》
2	東寧鐘韻〔註26〕跋	昭和11年（1936）丙子小春《東寧鐘韻》
3	假詩醫賦	昭和17年（1942）2月1日
4	狺放屁賦（用「四兩人講一斤話」為韻）	昭和17年（1942）8月15日《南方》（無序）；又見鄭氏剪報（有序）
5	光復新報‧創刊詞	民國34年（1945）年12月21日《光復新報》
6	光復新報‧丙戌〔註27〕元旦祝詞	民國35年（1946）1月1日《光復新報》
7	獻詞——為國軍第一五一師二十九週年暨林師長偉儔就任七周年紀念日作	民國35年（1946）2月1日《光復新報》

〔註25〕據吳福助〈鄭坤五作品中的女子教育理念〉：「署名李志傳校長所發表的〈發刊詞〉。這一篇發刊詞不論在行文語氣、遣詞用字等方面，都與鄭坤五的寫作風格頗為類近，因此極有可能是由身為主編的鄭坤五加以潤飾的篇章。」文後附錄二賦〈考釋〉，可參考。見東海大學中文系主辦／編輯《戰後初期臺灣文學與思潮國際學術研討會論文集》第26～45頁，2003年11月29～30日。

〔註26〕《東寧鐘韻》，吳紉秋輯。

〔註27〕丙戌，原誤作「丙戍」，今改。丙戌年即民國35年（1946）。又本文原標題作：「丙戌元旦」、「元旦祝詞」，今省改。

8	慶祝　國府還都賦（以題字為韻，限各在末字）	民國 35 年（1946）5 月 4 日《光復新報》
9	追悼抗戰殉難軍民英靈誄	民國 35 年（1946）7 月 7 日（《光復新報》）
10	原子能報・創刊詞	民國 35 年（1946）7 月 13 日《原子能報》
11	祝國慶日賦（韻用「以建民國以進大同」）	（推擬）民國 35 年（1946）10 月 10 日《光復新報》
12	祝抗戰勝利紀念日賦（韻用「鞭敲金鐙響人唱凱歌還」）	（推擬）民國 35 年（1946）10 月 25 日《光復新報》
13	恭祝 蔣主座花甲延壽賦（韻用「龍馬精神海鶴姿」）	（推擬）民國 35 年（1946）10 月 31 日《光復新報》
14	省立屏東女子中學校賦（用「聖母賢妻造就多」為韻）	民國 37 年（1948）4 月 3 日《省立屏東女子中學校刊・校慶紀念創刊號》
15	省立屏東女子中學校刊・發刊詞	民國 37 年（1948）4 月 3 日《省立屏東女子中學校刊・校慶紀念創刊號》
附 1	百壽篇序	昭和 16 年 11 月 15 日《南方》142 期 21 頁
2	附：不通桶（遊戲八比文）	昭和 17 年 2 月 15 日《南方》147 期 26 頁

（三）詩話

　　創作與評論是一體的兩面。鄭坤五以詩歌寫作聞名，其詩話亦常披露於報端。以「詩話」二字標題者，則推《三六九小報》「滑稽詩話」與《詩報》「詩話」。前者多為昭和 5 年（1930）期間所寫，後者則自昭和 16 年至 18 年（1941～1943）間歇性發表。

　　需要區分的是，《三六九小報》「滑稽詩話」專欄其實大多借《千家詩》中的古人詩歌，加以趣味改寫，博君一燦。大多無關乎詩歌文學性、思想性的評賞討論。其標題所稱「滑稽」，已經指明其宗旨，在借詩為趣話、改詩添新話，純為遊戲之作，可以不必過於端肅以待。這可說是鄭坤五呼應《三六九小報》發刊宗旨的製作。試觀《三六九小報》創刊號幸盦所作〈釋三六九小報〉〔註28〕一文道出其旨意曰：

> 本報側身期間，初舉呱呱墜地之聲，陣容未整，語或不文，所謂「大巫在前，小巫氣沮」，故不敢效世人之妄自尊大，特以小標榜。而致力托意乎詼諧語中，諷刺于荒唐言外。

〔註28〕見《三六九小報》昭和 5 年 9 月 9 日創刊號第 1 版。

故觀「滑稽詩話」之作，絕大多數體製極短小，頗有補白、填缺的意味。若其內容，或諧謔，如〈薄楊宇霆〉、〈賴債博士〉；或趣聞，如〈折齒詩〉、〈無產凸風〉；或葷色，如〈拒種後庭〉、〈野僧歡喜〉等等，率皆以雅詩說俗事。

　　若《詩報》「詩話」則比較接近傳統詩話。多數篇章在說明其個人對詩歌用語、技法、典故等等的賞析評論，讀者可以藉此探討切磋詩藝。其內容或有論詩語之優劣，如：〈王漁陽佳對〉、〈一字難替〉；或有評技法之拙巧，如：〈借對法〉、〈省字法〉；或有析典故之轉折，如：〈雙眉不專屬女人〉、〈議祝林先生詩〉；或遊藝文字以增趣，如：〈雙重舌博士絕對〉、〈算術詩〉等等。

表4　坤五詩話一覽表〔註29〕

《三六九小報》「滑稽詩話」目錄　共10期15題					
序	號　頁	昭和日期	擬　題〔註30〕	專欄名	署　名
1	10號4版	5年10月9日	1. 新陽關曲 2. 滑稽記事詩	滑稽詩話	坤五
2	11號4版	5年10月13日	1. 折齒詩 2. 貝子落花詩 3. 訓導東窗 4. 薄楊宇霆	滑稽詩話	坤五
3	14號4版	5年10月23日	無產凸風	滑稽詩話	坤五
4	16號4版	5年10月29日	1. 拒種後庭 2. 墓地仔	滑稽詩話	坤五
5	21號4版	5年11月16日	弔猴詩	滑稽詩話	坤五
6	22號2版	5年11月19日	桃花競渡	滑稽詩話	坤五
7	24號2版	5年11月26日	賴債博士	滑稽新語	坤五
8	26號2版	5年12月3日	曼債第二	滑稽新語	坤五
9	28號4版	5年12月9日	老翁戀妓	滑稽詩話	坤五
10	182號4版	7年5月19日	野僧歡喜	滑稽詩話	駐鶴軒主

〔註29〕「坤五詩話」筆者已完成校註，詳見林翠鳳主編《鄭坤五研究【第一輯】》。
〔註30〕原刊本皆無題目，為方便提稱故，筆者依內容加以分段擬題。

			《詩報》「詩話」目錄　　共 8 期 17 題		
1	250 號 20 頁	16 年 6 月 22 日	1. 王漁陽佳對 2. 楊萬里〈秋雨歎十解〉 3. 借對法 4. 一字難替	准詩話	坤五
2	251 號 22 頁	16 年 7 月 4 日	1. 王維題畫詩品析 2. 變色之速 3. 漁洋詩慣用搖落	准詩話	坤五
3	252 號 26 頁	16 年 7 月 22 日	1. 西施舌 2. 雙重舌博士絕對 3. 算術詩	准詩話	坤五
4	254 號 24 頁	16 年 8 月 21 日	1. 雙眉不專屬女人 2. 一字一圓	准詩話	坤五
5	267 號 21 頁	17 年 3 月 7 日	1. 議祝林先生詩 2. 誤信經書	也是詩話	坤五
6	303 號 14 頁	18 年 9 月 24 日	諧音借對法	也是詩話	友鶴
7	304 號 19 頁	18 年 10 月 11 日	李笠翁誤駁宋子京	也是詩話	友鶴
8	305 號 13 頁	18 年 11 月 1 日	省字法	也是詩話	友鶴
			合計　　共 18 期 32 題		

（四）臺灣國風

受到大陸白話文學運動流風之所及，臺灣也興起一陣熱潮。鄭坤五支持鄉土文學，呼籲重視臺灣本土的語言文化，提出「臺灣國風」一語以稱臺灣在地的白話詩，並且親身走入民間基層，收集百姓日常傳唱的褒歌，用以作為鄉土文學的表率，實踐對臺灣本土語言紀錄與推闡的理念。

從鄭氏手稿本中可以看到：鄭坤五最早是以「新國風」之名稱白話詩，繼而以「臺灣國風」續稱之。但他在正式公開發表的時候，則終究選擇使用「臺灣國風」為稱名。他標舉出「臺灣國風」一詞，以等同於《詩經》國風的地位，推崇民間歌謠的重要價值與地位。此一推崇不僅除卻一般人對傳唱於底層民眾口耳之間的民間歌謠的鄙薄態度，更進一步積極地從文學與社會的角度，看重民間歌謠的本質。

「臺灣國風」一詞首見於《臺灣藝苑》，這份「海內外孤本」的《臺灣藝苑》，現存兩卷二十三期（1927 年 4 月 15 日～1930 年 2 月 1 日），其上可得

見之鄭氏「臺灣國風」共刊佈歌謠三十二篇。〔註31〕

　　此份刊物中的歌謠為〈論鄭坤五的「臺灣國風」〉一文所引用者，統計共有 9 首歌謠。比照原稿後可知，此 9 首完全可見於「臺灣國風」單元，並未涉及「續臺灣國風」。以此推想，則呂藏之 32 首歌謠極可能均出於手稿本中「臺灣國風」單元，但也顯然還有鄭氏未盡刊出的成果尚存於手稿本中。這對於未能得見全本《臺灣藝苑》應該是有所助益的。

　　由目前手稿本上所能得見者言，有鄭坤五親題之「臺灣國風」及「續臺灣國風」二種，前者收錄 39 首褒歌，其中大部分均附有「評曰」，後者則僅收錄 10 首亦有部分附評，顯然是尚待完成的狀態。

　　此外，在另一光復之後的手稿本中，發現一首獨立抄錄的褒歌，題目即為〈褒歌〉，此為光復後所僅見。但並未註明此抄錄自何處？抑或是鄭氏仿作？此外也未見任何注說或評語。

表 5　鄭坤五輯評臺灣國風一覽表

白話詩（新國風）　　　◎：表示複見於呂文者。					
序	首　句	序	首　句	序	首　句
1	◎小妹共哥這樣好	14	娘仔與哥隔此遠	27	狗咬燈火不甘放
2	◎呆命查哺驚老爸	15	天頂落雨流目滓	28	仁貴出征摩天嶺
3	小娘約哥後壁溝	16	七月初一開鬼門	29	胡蠅戴著龍眼殼
4	◎相牽來到桃仔園	17	◎日間挽茶寮仔內	30	頭家捵釘我吃苦
5	手舉燈子要照路	18	娘子送哥到大路	31	一盆好花鶯爪桃
6	身穿淺衫冬瓜粉	19	◎大隻水牛細索牽	32	娘子現在某家號
7	◎梅子好食酸雯雯	20	講著你慘無我慘	33	娘仔未大就卜呆
8	監獄對面是學校	21	雙人相好手牽手	34	好鐵從來不打釘
9	◎一枝雨傘圓𥶘𥶘	22	也無恰娘爾乜事	35	當初咒誓那有靈
10	初一無來約十五	23	見著查某個個愛	36	好花也著好花盆
11	為娘割吊烏尸瘦	24	無看娘子十外工	37	梟雄姐妹那要交
12	◎看見娘仔生作美	25	娘仔知阮無心情	38	嫁著老翁無打拼
13	火車行過打狗山	26	娘子無意假有心	39	一條大路走未盡

〔註31〕《臺灣藝苑》現為成功大學呂興昌教授所藏，尚未見完全整理發表。見呂興昌〈論鄭坤五的「臺灣國風」〉，臺灣民間文學學術研討會論文，新竹：清華大學中文系，1998 年 3 月 7～8 日。另見「臺灣文學研究工作室」http://ws.twl. ncku.edu.tw/hak-chia/l/lu-heng-chhiong/tenn-khun-ngou.htm

續臺灣國風					
1	一隻憨鳥是班甲	5	芉葉底水能生珠	9	共娘相好險鬥險
2	甲娘相好嘴尌嘴	6	凸風少年食□頭	10	給你講無你不信
3	甲娘斷約甘蔗交	7	一隻好鳥飛不善		
4	阿君可比土少爺	8	大樹倒落頭見天		
褒歌					
1	貪食阿哥飫虎虎				
合計：50 首					

表 6 《三六九小報》迎春／消夏小唱一覽表〔註 32〕

序	版　次	昭和日期	首　題	量	專欄名稱	署名
1	196 號 2 版	7 年 7 月 6 日	草地趁錢是較有 口食檳榔不甘放 一條頭布包真燒 廿九暗來帶一暝 罵伊路傍著受氣	5	消夏小唱	坤五 戲評
2	197 號 2 版	7 年 7 月 9 日	正月正頭著歡喜 契兄不來攏無來 因為食著尾枝煙	3	消夏小唱	坤五 戲評
3	198 號 2 版	7 年 7 月 13 日	查甫食醋無朋友 団仔歡喜作雙正 咱娘本是藝姐底 一年帶廿四頭家	4	消夏小唱	坤五 戲評
4	271 號 2 版	8 年 3 月 16 日	冬尾就好到春頭 人講春寒雨那潑 初五未過耶是新	3	迎春小唱評	坤五
5	272 號 2 版	8 年 3 月 19 日	早早底好是食酒 貸座敷做避債臺 新正請客食甜甜	3	迎春小唱評	坤五

〔註32〕「《三六九小報》迎春／消夏小唱」筆者已完成校註，詳見林翠鳳主編《鄭坤五全集及其評論》。鳳山：華泰，2004 年 8 月。

6	275 號 2 版	8 年 3 月 29 日	正月初九天公生 有錢無錢人會知 未趁錢銀卜給嫂	3	迎春小唱評	坤五
7	276 號 2 版	8 年 4 月 3 日	料理店換跙趺厄 阮娘親像昭君旦 老蔥愛錢阮愛人	3	迎春小唱評	坤五
8	277 號 4 版	8 年 4 月 6 日	初一人客亂紛紛 娘有念君君念娘 初一初二那忽樂	3	迎春小唱評	坤五
9	278 號 2 版	8 年 4 月 9 日	初十家家請子婿 熱鼎熱灶快礁湯 想卜扛轎步步進	3	迎春小唱評	坤五
10	279 號 4 版	8 年 4 月 13 日	咱哥為著迸橫財 恁君賊心花尚面 有錢風神任恁展	3	迎春小唱評	坤五
11	280 號 2 版	8 年 4 月 16 日	阿君看下無看高 第一歹趁紳士錢 看見大猴一下來	3	迎春小唱評	坤五
12	281 號 2 版	8 年 4 月 19 日	阿書呌阮查某官 交陪少年無手頭 路鰻卜做做大尾	3	迎春小唱評	坤五
13	282 號 4 版	8 年 4 月 23 日	講到無米糴歸車 頂來開田下來開圳 錢是死寶人活寶	3	迎春小唱評	坤五
14	283 號 4 版	8 年 4 月 26 日	錢銀開了免煩惱 灶那無柴焚粗紙 趁食查某親像狗	3	迎春小唱評	坤五
15	287 號 4 版	8 年 5 月 9 日	春天卜過果較寒 拜佛是卜伊保庇 三月卜過漸漸熱	3	消夏小唱評	虔老
16	288 號 4 版	8 年 5 月 14 日	烏貓裝做女學生 四月卜到日頭長 卜算契兄心會茹	3	消夏小唱評	虔老

17	297 號 4 版	8 年 6 月 13 日	佮君相好有很久 四月暝短日又長 南風拗北雨卜來	3	消夏小唱評	虔老
18	298 號 4 版	8 年 6 月 16 日	食二三杯著起訬 有來有去乍會親 人那食老著利害	3	消夏小唱評	虔老
19	299 號 4 版	8 年 6 月 19 日	天烏心肝趁伊烏 人人叫阮查某官 四月南風正著時	3	消夏小唱評	虔老
20	369 號 4 版	9 年 8 月 19 日	天氣熱到一百度 招君來到西仔灣 勸君汝也著早娶	3	消夏小唱評	虔老
21	370 號 4 版	9 年 8 月 23 日	一蕊半開是含笑 七欉牡丹栽七路 新開的井水較清	3	消夏小唱評	虔老
22	371 號 4 版	9 年 8 月 26 日	鳥精飛過三重壁 阮是唱歌解心悶	2	消夏小唱評	虔老
23	372 號 3 版	9 年 8 月 29 日	海湧那吼卜做風 美的沒嬈嬈沒美	2	消夏小唱評	虔老
合	23 期				70 首	

（五）蓬萊清籟

〈蓬萊清籟〉為鄭坤五所輯錄的日本人的漢詩作品，其中部分作家作品並進行評論分析。此一單元的意義可分為兩方面：其一詩歌的文學鑑賞；其二為日人漢詩的文學文獻意義與影響。

關於詩歌鑑賞者，主要是指〈蓬萊清韻〉曾於昭和 18 年（1943）《南方》半月刊第 180、181 期（8 月 1/15 日）合刊本至昭和 19 年（1944）1 月 1 日第 188 期，合計連載五期，共刊登日本漢詩人共 30 人 145 題詩歌。這些日人漢詩也同樣見於鄭坤五的手稿本中。鄭坤五對其中部分作家作品，以詩後註明「友鶴曰」的形式，分別發表評賞己見。統計共得「友鶴曰」廿九則。但刊本與稿本最大的不同，也在於「友鶴曰」廿九則，均未有一字見於手稿本中。這或者是文獻有缺的緣故。

　　關於日人漢詩的文學文獻意義與影響，主要在於鄭坤五輯錄的日人漢詩，以今之所得見，包括兩部分，一為《南方》半月刊上所輯錄者，二為手稿本中所輯者。前者取名「蓬萊清韻」，手稿本中則另題「蓬島片雲」，兩者的〈序言〉幾近完全相同，續纂部分又題曰「他山之石」。蓋鄭坤五輯錄的目的，主要是作為觀摩學習之用，所謂「他山之石，可以攻錯」的寓意。〈蓬萊清韻〉所輯評之各詩，散置手稿本諸詩之中，為方便稱名，筆者姑且以《他山集》通稱鄭氏手稿本所輯錄之日人漢詩。

　　《他山集》中約共輯錄古今日人漢詩達 345 首詩，篇幅之大幾乎佔該手稿本的百分之八十以上。其中甚至有採自古董書畫上之罕見日人漢詩作品，這一部份相信對日本漢詩文學的內涵，具有予以填補部分空白的文獻價值。相較之下，《南方》半月刊所登載者，顯然只是鄭氏輯錄中的一小部分而已，顯然鄭坤五是有心為長期介錄日人漢詩作準備。但應該是受到二次大戰日趨白熱化的影響，《南方》半月刊的經營不易，終於在易名《南方詩集》後不久，於昭和 19 年（1944）3 月 25 日第 190 期出版之後就停刊有關。

　　日本治臺之後，臺灣人以武力或文化，長期地與日方對抗。但在臺灣本島詩人積極以漢詩柔性抵抗日化的同時，其實也已經自覺或不自覺地受到日本文學的深刻影響；換句話說，日人漢詩在臺灣是具有一定的影響力。因此當學界著力於研究日治時期臺灣漢詩人與詩社努力進行文化抗日的同時，其實也應該反觀日人漢詩在臺灣的表現與影響，以及臺灣本地漢詩人對日人漢詩的態度與評價。

　　日人漢詩在臺灣的發表處，除了詩集專書之外，報刊雜誌則在另一個場域對日人漢詩作了一般性的反映。《他山集》中收錄了大量經由鄭坤五個人評選的古今日人漢詩，超過 340 多人。〈蓬萊清籟〉與《他山集》所網羅者以明治時期為眾，是臺灣詩人觀點的一個表徵。正可以凸顯鄭坤五個人詩歌編選的理念，包括文學美感、寫作淵源、族國態度，反映臺灣傳統詩人對日人漢詩的評價，相對的，也可以看到日人漢詩對鄭坤五個人或臺灣詩人，所可能產生的影響。以〈蓬萊清籟〉與《他山集》的出現在日治後期，經過進行務實考察，相信將能為日治時期臺灣文學提供比較客觀的觀察據點。

　　附帶一提的是，類似〈蓬萊清韻〉者，鄭坤五尚曾摘錄清人題畫詩，作為觀摩學習的他山之石。手稿中曾整齊抄錄 44 首「清人題畫詩」。

表7 《南方》〈蓬萊清籟〉一覽表〔註33〕

序	卷　號	年　月	內　容
1	第180、181期39頁	昭和18年8月1/15日	蓬萊清籟（並序）、梁川星巖15題，共1人15題。
2	182號17頁	18年9月1日	春畝公13題、乃木希典3題、太田南畝2題、三島中洲8題，共4人26題。
3	184期19頁	18年10月15日	杉聽雨26題、巖谷一六7題，共2人33題。
4	185期23頁	18年11月1日	松翁5題、中林竹洞1題3首、梅崖2題、長三洲7題、野田笛浦1題、村賴栲亭1題、巖穴祝溪1題、小野湖山6題，共8人24題。
5	186期19頁	18年11月15日	村田香谷5題、齊藤拙堂1題、太田道灌2題、清浦奎吾2題、橫井小楠1題、雲井龍雄3題、賴山陽15題，共7人29題。
6	188期19頁	19年1月1日	山田容堂2題、安井息軒1題、木戶孝允4題、新井白石1題、伊藤仁齋1題、寺門靜軒2題、左藤一齋5題、森田節齋2題，共8人18題。
合計	5期		共30人145題

二、小說部

鄭坤五生前接受記者專訪時曾自言平生共寫過「八篇長篇小說」〔註34〕。雖然作者並未指明是哪幾部小說，但綜合所見，以不計篇幅長短論，也已經可以知道鄭坤五至少有十六篇小說。依照一般慣例，以十萬字以上為長篇，十萬字以內為中篇，一萬字以內為短篇，二千字以內為極短篇。據此分類彙目如下：

長篇：

    1.《鯤島逸史》（上、下）

    2. 現代小說《大陸英雌》

    3.《愛情的犧牲》

中篇：

    4. 史話小說〈活地獄〉

〔註33〕「《南方》〈蓬萊清籟〉」筆者已完成校註，詳見林翠鳳主編《鄭坤五全集及其評論》。

〔註34〕見民國40年6月4日鄭坤五接受記者林銓專訪之剪報。未詳報刊名。

短篇：

　　5. 科學小說〈火星界探險奇聞〉

　　6. 人情小說〈誰是誰非〉

　　7.〈瞎訟棍〉

　　8.〈死生〉

　　9.〈地老天荒無此恨〉

　　10.〈八萬元〉

　　11.未題名小說一篇

極短篇：

　　12.〈大樹庄勇士黃輕〉

　　13.〈華胥國遊記〉

　　14.〈謝范二鬼卒的正身〉

　　15.〈打破迷信的小說〉

翻譯小說：

　　16.〈廿世紀的恥辱白女奴〉

　　鄭坤五小說作品除了《鯤島逸史》〔註35〕有單行本之外，其餘皆散見於報刊，而蒐羅不易。透過手稿本的一手資料，筆者前就〈活地獄〉、〈火星界探險奇聞〉、〈華胥國遊記〉三篇較完整者完成校註，發刊於《鄭坤五研究第一輯》〔註36〕、〈大樹庄勇士黃輕〉校註，發刊於《鄭坤五全集及其評論》〔註37〕。這些小說手稿的校註出刊，也促成了如蕭玉貞《鄭坤五小說研究》〔註38〕等的研討與出版。

　　待至2015年高雄陳坤崙先生將珍藏多年的《臺灣藝苑》原刊本複印出版〔註39〕之後，其中所刊登的多篇鄭坤五小說，才終於得以讓世人一窺其究竟。《臺灣藝苑》是昭和2～4年（1927～1929）年間出刊，其中包括了傳聞中的《愛情的犧牲》、被日本政府強迫更名的《大陸英雌》和〈戰場悲劇〉、

〔註35〕鄭坤五著、羅景川校註《鯤島逸史》（上、下冊），高雄：高雄縣立文化中心，1996年5月。

〔註36〕林翠鳳主編《鄭坤五研究・第一輯》。臺北：文津，2004年11月。

〔註37〕林翠鳳主編《鄭坤五全集及其評論》，高雄：大樹文史協會，2004年8月。

〔註38〕蕭玉貞《鄭坤五小說研究》，中興大學中文所碩士論文，2006年。又，臺北：文津，2007年4月。

〔註39〕陳坤崙編《臺灣藝苑合訂本》（上、下冊），高雄：春暉，2015年8月。

手稿中所見的〈火星界探險奇聞〉、〈華胥國遊記〉、〈大樹庄勇士黃輕〉、〈瞎訟棍〉、〈死生〉、〈誰是誰非〉等多部，以及未曾面見過的〈地老天荒無此恨〉、〈謝范二鬼卒的正身〉、〈打破迷信的小說〉、〈八萬元〉等數篇，甚至還有罕見的鄭坤五翻譯小說〈廿世紀的恥辱白女奴〉。此《臺灣藝苑合訂本》的出版，為鄭坤五研究提供了豐富而珍貴的新素材。茲製成「《臺灣藝苑》刊登鄭坤五小說一覽表」，俾便一覽。

表 8 《臺灣藝苑》刊登鄭坤五小說一覽表

卷號頁	題　目	署　名
1-1-07	近世勇士黃輕	坤五
1-1-10	哀情小說 愛情的犧牲（未完）	（無）
1-1-19	哀情小說 地老天荒無此恨	（無）
1-2-07	哀情小說 愛情的犧牲（未完）	坤
1-2-14	遊戲文藝 華胥國遊記	坤
1-2-25	科學豫言小說 火星界探險奇聞	坤
1-3-05	哀情小說 愛情的犧牲（待續）	坤
1-3-17	科學豫言小說 火星界探險奇聞（續前）	坤
1-3-21	社會小說 死生	坤
1-4-07	哀情小說 愛情的犧牲（四續）	坤
1-4-14	現代小說 巾幗英雄（待續）	坤
1-4-27	科學豫言小說 火星界探險奇聞	目次：鳳山鄭坤五 內文：坤
1-5-03	哀情小說 愛情的犧牲（五續）	坤
1-5-09	人情小說 誰是誰非	坤
1-5-13	現代小說 巾幗英雄（二續）	坤
1-5-23	瞎訟棍	坤
1-6-02	現代小說 巾幗英雄（三續）	坤
1-6-05	瞎訟棍（續）	坤
1-6-13	哀情小說 愛情的犧牲（六續）	坤
1-7-15	現代小說 巾幗英雄（四續）	目次：鄭坤五 內文：坤

1-7-22	哀情小說 愛情的犧牲（七續）	目次：鄭坤五 內文：坤
1-8-18	現代小說 巾幗英雄（五續）	坤
1-8-33	哀情小說 愛情的犧牲（八續）	坤
1-9-15	現代小說 巾幗英雄（六續）	坤
1-9-24	哀情小說 愛情的犧牲（九續）	坤
1-10-17	現代小說 巾幗英雄（七續）	坤
1-10-25	哀情小說 愛情的犧牲（十續）	坤
2-11-16	哀情小說 愛情的犧牲（十一續）	坤
2-11-29	現代小說 巾幗英雄（八續）	坤
2-12-12	現代小說 巾幗英雄（九續）	坤
2-12-28	哀情小說 愛情的犧牲（十二續）	坤
2-13-25	現代小說 巾幗英雄（十續）	坤
2-13-29	廿世紀的恥辱白女奴	德國ェーェン女史著 虔老譯
2-13-32	哀情小說 愛情的犧牲（十三續）	坤
2-14-24	現代小說 巾幗英雄（十一續）	坤
2-14-28	哀情小說 愛情的犧牲（十四續）（完）	坤
2-15-06	廿世紀的恥辱白女奴（續）	虔老譯
2-15-27	前號巾英之梗概	坤
2-15-28	哀情小說 愛情的犧牲（十四續再刊）（完）	坤
2-16-13	廿世紀的恥辱白女奴（續）	
2-16-17	打破迷信的小說 謝范二鬼卒的正身	坤
2-16-24	偵探小說 八萬元	坤
2-17-03	廿世紀的恥辱白女奴（續）	虔老譯
2-17-07	打破迷信的小說	坤
2-17-14	偵探小說 八萬元（續）	坤
2-18-13	廿世紀的恥辱白女奴（續）	虔老譯
2-19-10	廿世紀的恥辱白女奴（續）	虔老譯
2-19-17	哀情小說 戰場悲劇	坤
2-20-15	哀情小說 戰場悲劇	坤

2-20-19	廿世紀的恥辱白女奴（續）	虔老譯
2-21-08	廿世紀的恥辱白女奴（續）	虔老譯
2-21-12	哀情小說 戰場悲劇	坤
2-22-10	哀情小說 戰場悲劇（四續）（未完）	坤
2-22-20	廿世紀的恥辱白女奴（續）（未完）	虔老譯
2-16-21	附：讀台灣藝苑賦呈—愛的犧牲、火星探險、巾幗英雄	曉樓

茲分述如下：

（一）長篇

1.《鯤島逸史》（上、下）

鄭坤五各部小說中，最為完整者自屬《鯤島逸史》，這是鄭坤五生前唯一正式出版的著作，也是鄭氏小說中流傳最廣、最久的一部。

《鯤島逸史》最早以連載的方式，在《南方》半月刊上分期公開刊出。自昭和 17 年（1942）9 月 15 日第 160 期始，以迄 19 年 1 月 1 日第 188 期〔註40〕為止，故事雖尚未說完，然不久之後由南方出版社結集，並邀名家林玉山為封面繪圖，於昭和 19 年（1944）3 月正式發行出版。民國 57 年（1968）1 月為太陽出版社在未經作者同意下擅自刪改翻印，改名為《臺灣逸史》出版。民國 85 年（1996）《鯤島逸史》經羅景川補訂、鄭麒傑重製封面後，由高雄縣立文化中心重新出版。民國 91 年（2002）6 月東海大學中文研究所李陸梅完成《鄭坤五《鯤島逸史》研究》，是臺灣第一本以《鯤島逸史》為研究對象的學位論文。

《鯤島逸史》堪稱鄭坤五最知名的代表作品，其中動人的情節，至今依然令人津津樂道。這部小說的原始手稿，因此備受關注。但數十年來，包括作者家屬、學者、愛好者，都一直遍尋不著。筆者近年致力訪求，亦無所獲。

直到民國 92 年（2003）的夏天 6 月 21 日，《鯤島逸史》原始手稿，終於真真實實地出現在吾人眼前了。長期致力於高雄文史研究有成的民間學者胡巨川先生電告筆者，在資源回收商、舊書收購商的輾轉通訊間，得知自鄭家無意間流出這批報廢物，迅速趕往左營舊書跳蚤市場，終於看到鄭坤五的一批用書。而《鯤島逸史》手稿則早一步為曾任高雄市文獻委員會委員鄭德慶

〔註40〕《鯤島逸史》連載期號：《南方》第 160～161，163～174，180～188 號。

先生購藏。在鄭先生的慷慨同意下，出示這部文學瑰寶，使吾人得以一睹夢寐中的手稿原貌。

這整部手稿一共有厚厚的七冊，文字密密麻麻，但章節清晰，秩序井然，並無封面的第一冊，是捻紙成線，線裝而成的草稿本。第一頁開頭即為鄭氏署名，並完整地從第一回敘述起。

本來幾乎已經送進資源回收場的這部珍貴臺灣文學史料，在送進焚燒爐之前，還好有幸能及時地為有識者們所搶救，免於無聲消失的厄運，實在是萬幸呀！坤五先生在天有眼，果真天未喪斯文也！這可說是臺灣文學史料上驚心動魄的一頁。

2. 現代小說《大陸英雌》

《大陸英雌》全文將近 12 萬字。曾於《三六九小報》昭和 6 年（1931）2 月 19 日第 48 號至 8 年（1933）1 月 16 日第 189 號連載，後突然停刊，未有再續。手稿本上有題名為《巾幗英雄》之作，實即《大陸英雌》初稿。在鄭坤五剪貼簿上自校註語道：「以前刊在臺灣藝苑第一卷至十四卷而接續之。」、「以下接臺灣藝苑第十九卷至二十二卷之戰場悲劇（因被日政府禁止，故改名）。」可知：《大陸英雌》曾經早在昭和 2 年（1927）時便已在鄭氏主編的《臺灣藝苑》上連載過了，其間甚至受到日本政府禁止而改名為《戰場悲劇》。則後來《三六九小報》上〈大陸英雌〉專欄的忽斷音訊，或許是當政者阻礙的重演。本小說全力闡述現代女子雄飛的英勇事蹟，為鄭氏小說所僅見。情節中毫不隱晦地表現了對中華祖國的嚮慕，以及對中央政府的支持；同時也在女權人格的塑造上，具有先進的現代觀念，試觀其主角：

> 自蔣伯玉北征以來，南北軍中，便有一怪青年足跡，忽然而來，倏然而去，世人咸抱一大大疑問，獨南軍要人，似略知其身世，頗信賴之，每受其暗中援助，所以著著成功，此何人乎？即天地間獨來獨往之一奇女子也，她芳名劍秋，妙鈴二九，其籍貫姓氏，不肯告人，善技擊，縱橫如飛鳥，喜男裝，不知者，多以為美男子，江湖上代她取一綽號，叫假玉溫侯，住所靡定，或言即護黎壯卿之女公子，往美國留學之女壯士也，或言即東三省晌馬之領袖，紛紛臆測，莫衷一是。

3. 哀情小說〈愛情的犧牲〉

〈愛情的犧牲〉，之前曾被認為是光復後的作品，相傳為上、下兩冊的長

篇小說，且早已佚失不見〔註41〕。然而透過《臺灣藝苑合訂本》的出版，可知其實早在昭和2年（1927）已經開始公開連載。

（二）中篇

1.《活地獄》〔註42〕

《活地獄》全文超過45000字。曾發表於《光復新報》，僅見於其個人剪貼簿，剪貼簿中有鄭氏親自校正修訂的筆跡。鄭氏〈活地獄序〉前自題記曰：「《光復新報》民國三十四年十二月二十七日刊出，全部計五十回。」但鄭氏剪貼簿只集至34回，餘未見，亦未見單行本出版。而《光復新報》已不得見。至34回止，共計45000餘字。依此比例推算，50回全文約當66000字，屬於中篇小說。

〈活地獄〉敘述日治時期警察酷虐情事，詳細寫實，駭人聽聞，內容可謂八實二虛，具有側補歷史的價值。寫入小說中的日治時期事件，包括有大正4年（1915）余清風〔註43〕事件、昭和十一年（1936）治安維持法違反事件、昭和十三年（1938）月眉江保成革命事件、昭和17年（1942）高等事件〔註44〕、昭和17年（1942）東港事件〔註45〕等等，無一不是抗議日本殖民的臺胞英勇歷史。但其中臺民所遭受到變態殘酷的刑罰、非人的對待，時至今日觀之，依然令人髮指。試引片段觀之：

> 此時，派出所內取締鹽尻，已辦〔註46〕出二碗菜、二矸酒，要請這

〔註41〕 〈鄭麒鎔先生來鴻〉（1979）言道：「愛情的犧牲……，卻是光復以後才寫成的。由於被友人輾轉借去，到現在我們兄弟也都不復存有，是為遺憾。」收在照史著《高雄人物述評（第二輯）》附錄第99頁。
又，據訪鄭麒傑時表示：他幼時曾見及此書，為上、下兩冊。據筆者民國91年2月7日訪問。

〔註42〕 〈活地獄〉筆者已完成校註，詳見林翠鳳主編《鄭坤五研究【第一輯】》。臺北：文津，2004年11月。

〔註43〕 鄭坤五手稿本「芳」字原作「風」。見林翠鳳主編《鄭坤五研究【第一輯】》第115頁。臺北：文津，2004年11月。

〔註44〕 「高等事件」，昭和17年（1942）日本特高警察，以高雄州特高組為首，動用臺日暴吏，濫用職權，誣陷臺民，在東港、新園、林邊、佳冬沿海一帶，大肆逮捕所謂「抗日」分子。他們無不遭受毒刑拷打，有數人竟被活活打死！

〔註45〕 「東港謀反事件」，簡稱「東港事件」，1942年8月日特高警指控臺南辯護士歐清石等「為陰謀變革日本國體，及臺灣脫離日本統治」，逮捕歐清石、陳江山、洪雅、陳皆興、郭成章、蕭永東等二百多人，其中以東港人居多，史稱「東港特高事件」。

〔註46〕 「已辦」，原誤作「己辨」，今改。

一群四人自郡役所前來之刑事巡查。因在半夜中，此一群魔王，已覺得肚中饑餓，一齊蝟集，亦願不得是在檢舉刑案關係，一面狂〔註47〕歌，一面暢飲。正在狼餐虎嚼時〔註48〕，一日本刑事立起身來曰：「有酒無戲，不甚趣味。」即轉身走至黃甲身旁，用足蹴之使起。可憐黃甲，連翻身都翻不得，焉能起立？日本刑事俯捉其足，拖至筵前。從樑上縋下大索，將黃甲雙腳縛住，轆轤聲響，已從平地上，倒吊離土約六尺高矣。然後喚王乙到前，給椅使坐。

《活地獄》的寫作，誠如鄭坤五序文補注所自言：

> 洵為臺胞體驗在奴隸時期中刻骨之痛史〔註49〕。——俾吾人知地獄本在人間。並可以使吾國同胞，略窺五十年中，日人〔註50〕虐待本省人之一斑也。

慘痛的歷史應當被牢牢記住，避免重蹈，珍惜和平。

（三）短篇

1. 科學小說〈火星界探險奇聞〉〔註51〕

這部小說見於作者手稿本，曾連載於《臺灣藝苑》。全文長約一萬字，是目前所見鄭氏唯一的一部科學預言小說，可能也是臺灣本土人士寫作的第一本科學小說，展現出傳統文人與新時代脈動緊密結合的活潑觀察力。內容描述國際科學家聯合登陸火星的新奇見聞，而藉口登陸火星所展開的一場謀殺案，也在同時間開展，是一部採用雙軌敘述手法的小說。

> ……西曆二千零十五年七月十六日夜半，國際聯盟飛行隊將向火星球探險出發之時也。……
>
> 當時哈氏等見火星人形狀與西曆一千九百年間米國天文學者ロ——ゥエル氏所說約略相同。身高八尺，頭大額凸，眼耿耿有光，其他與地球人無甚差異，惟兩足甚短，其行動如瓦雀跳躍，每人各帶有輕便飛機，平素百步外，未嘗步行，衣服皆白色，似綿非綿，

〔註47〕「狂」，原誤作「妊」，據作者剪報自校改正。
〔註48〕「狼餐虎嚼時」，原誤作「娘餐虎嚀井」，據作者剪報自校改正。
〔註49〕「洵為……痛史」句原刊本無，據作者剪報自校補入。
〔註50〕「人」下原衍「司」，據作者剪報自校刪去。
〔註51〕《火星界探險奇聞》筆者已完成校註，詳見林翠鳳主編《鄭坤五研究【第一輯】》。

似絹非絹，聞係蜘蛛絲所製者。……

2. 人情小說〈誰是誰非〉

見手稿本，曾刊登於《臺灣藝苑》1 卷 5 號。全文約 3000 餘字。這篇小說的背景地點在福建漳浦，恰是鄭坤五老家。鄭氏乙未戰後曾隨家人居此，可能即以青年時期在此地的見聞為基底所寫就。內容敘述沒落的私塾先生一家，受到富戶欺凌的不平，藉以反映新舊文化的衝突。

> 支那福建漳州府漳浦縣太華村，有一老學究姓黃名漢卿。……那時和太華村上隔一衣帶水的東村，有夏姓名太炎的土豪。他父親在世時，也曾跟過黃漢卿先生讀過書的，就是這夏太炎的學問，也是受黃先生所指導的。說來他父子，是對黃先生有師徒的恩義了。無奈這姓夏的，見漢卿先生近來年紀已老，身體又軟弱，時時引痛，不但不似從前尊敬，反更時時找些小事來侮辱了他。黃漢卿先生也是無奈他何，只得吞聲忍氣，由他罷了。

> 湊巧此時，他村中新設耶穌〔註52〕教會，這夏太炎便率先入會，中著西洋文明的熱毒，愈把黃先生看不在眼內了。從此便大大排斥黃先生的學問是死的、不合時勢的，且捏造許多不倫的話來誣罔他，然後大大宣傳耶穌教旨是如何奧妙，如何和益，公然將黃先生的學生，漸漸汲引到耶穌教會來。以致這學問淵博的黃老先生的生徒日少一日，終至學堂倒閉，可憐英雄無所用武，他的子女又多，那堪受這一場打擊，石田荒廢，若照這樣持久下去，眼見的就要和孔夫子同伴，受在陳絕糧的境遇了。

3.〈瞎訟棍〉

見手稿本，曾刊登於《臺灣藝苑》1 卷 5、6 號。全文約近 3800 字。《詩報》「墨戲」〔註53〕中也曾記述類同情節。這是一篇短篇小說。作者有感於「強食弱肉，乃世間最無公理之慘例。雖國家設有懲惡獎善之法律，無奈鬼蜮伎倆，變幻不測，往往小民含冤，巨魚漏網。且有惡訟師者，從而誘惑之，遂至反原為彼，顛倒是非，用間栽贓，偷天換日，遺害社會，無奇不有，洵可慨哉！」因此發之為文。

〔註52〕手稿本均作「耶蘇」，即今「耶穌」。
〔註53〕見《詩報》昭和 16 年 9 月 22 日第 256 號 21 頁。

內容敘述詭詐的老訟師眼睛雖盲，但代人訴訟，卻能屢出奇計致勝。不仁不義的舉措，強詞奪理的說詞，活脫脫寫出一個讓人不齒的小人嘴臉。

> 泉州瞎子某甲，於滿清咸豐年間，中某科進士，後因雙目失明，生活困難，不得已在民間包攬訴訟。……凡對敵之人，不論官民皆為所困，於是「瞎訟師」之名益著，或呼之曰「青瞑〔註54〕惡人」。
>
> ……未幾又有老人抗其子婦不孝者，少年夫妻亦來乞某甲應援。甲舉筆向少年左右掌中各書數字，授計而去。到法庭，官問之曰：「你何故虐待生身老父？」少年伏地哭泣，只道「該死！」無言答辯。後被迫不過，只得匍匐向前，先伸左手，後伸右手，兩掌順次放開。問官視之，左掌中書曰：「妻有貂蟬之貌。」右掌中書曰：「父起董卓之心。」問官不覺點頭，遂向原告曰：「爾且回去，我當為爾戒其將來。」老人退後，問官乃向少年曰：「父雖不仁，但為子婦總不得因此失其奉養，有悖孝道。今放爾歸，切宜慎之。」瞎訟棍之詭譎如此。……

4. 社會小說〈死生〉

見手稿本，曾刊登於《臺灣藝苑》1卷3號，註曰：「社會小說」。全文約3880餘字，敘述日治時期貧農的可憐境況。茲引其中精彩處，以見一斑：

> ……說罷又聞其女兒，正般般勸食的時候，忽聞遠遠有犬吠聲，後來就聽見有人在屋子外高聲的叫喊道：「闊嘴的，汝這時候尚未起來麼？大人已經在庄外等汝了，少時被他怒氣，我就不管汝了。」聽他說話，每至話尾，便加足十分氣力表示威嚴。這叫喊的人物約略三十左右光景，左手拿著打狗杖，右手提著甲長燈，用杖打著破竹扉。要進去的時候，忽見破門一開，內裡出來一個老人，鬢毛斑〔註55〕白，眉目間帶著世襲老百姓的柔順氣象，一抬起頭來便裝出十分恭順的笑臉，迎著來人叫一聲：「虛榮叔，請內面坐，我正這裏食完早飯，隨時隨時要出發了。」屋內的女子阿憐，亦跟了出來招呼來客。只見那人顯出不可侵犯的態度，狠厲聲的連說三字：「去、去、去！」此時老人闊嘴連忙入內，將石油桶充造的行李代用箱，並麻袋裝入的破被合為一擔，匆匆托起。……

〔註54〕「青瞑」，臺語，瞎子。
〔註55〕「斑」，原誤作「班」，今改。

5. 未題名小說一篇

見手稿本，未詳是否發表過。這是一篇中篇的豔情小說，筆觸之大膽，為鄭氏作品中所僅見。

（四）極短篇

1.〈大樹庄勇士黃輕〉〔註56〕

此篇見手稿本。原稿無題，此題目為筆者所擬。之後才見曾刊登於《臺灣藝苑》創刊號，題作〈近世勇士黃輕〉。全文約1700餘字。本文以日本明治末年大樹庄為背景，記述鄉里勇士黃輕與匪徒周旋的義行，其間描述搏鬥時的矯健身手，頗有鄭氏個人的身影在其中。

> 大樹庄小坪頂黃輕者，當明治三十年間，被命該地之臨時庄長，因受政府使命，難免與諸匪徒漸成仇隙。時匪首黃透及吳萬興正橫行於大樹與小竹上下里一帶，出沒無常。……

> 將心一橫，鬥志已決，幸當時群匪視輕為籠雞釜魚，並不加以綁縛，僅近身一匪揪其辮髮而行，腰懸一日本刀，係殺傷憲兵或警官所得之物，輕突然勇氣百倍，一剎那間，已將日本刀奪在手中……輕乃從懈怠之方騰身突出，有如脫兔，背後群匪，激浪翻江蜂擁而進，銃聲如羯鼓，幸不命中，彈子多由頭上耳邊掠過，惟聞彈子與空氣相摩擦吱吱而響。漸次逃到良民地帶，忽剌斜裡衝出五匪，揮刀而至。……

2. 遊戲文藝〈華胥國遊記〉〔註57〕

見手稿本，曾刊登於《臺灣藝苑》1卷2號，註曰：「遊戲文藝」。全文約1700餘字。本篇仿照唐代傳奇〈枕中記〉，記述夢遊華胥國的奇妙經驗。其間大量運用典故，穿插聯繫了許多古人古事，展現作者豐富的學識，末以聯章詩誌其勝，是一部精彩的短篇文言小說。

> 華胥開國在黃帝以前〔註58〕，其位置在五大洲之中。黃帝神遊以後，

〔註56〕〈大樹庄勇士黃輕〉筆者已完成校註，詳見林翠鳳主編《鄭坤五全集及其評論》。

〔註57〕《華胥國遊記》筆者已完成校註，詳見林翠鳳主編《鄭坤五研究【第一輯】》。

〔註58〕《通鑑輯覽》：「太昊伏羲氏。帝生於成紀。帝母居於華胥之渚，履巨人跡，意有所動，虹且繞之，因而始娠，生帝于成紀。」
又《列子‧黃帝》：「黃帝……畫寢而夢，游于華胥氏之國。華胥氏之國在弇州之西，臺州之北，不知斯齊國幾千萬裏；蓋非舟車足力之所及，神遊而已。」

孔子嘗於是處會見周公。……宋蘇子瞻曾一入睡鄉，而為之作記〔註
59〕。余讀而慕之，冀得神遊是境以償素願。乃考諸萬國公法，纔知
欲赴華胥者，自枕山經由則無旅行券之必要，人民得以任意往來，
於是束裝就道。……

乙丑暮春花睡日至邯鄲驛，因近年鐵道移在南柯郡，致本地交通不
便，往來絕少，僅存古驛，不復如前之盛，旅館亦湫隘不堪。惟產
業頗見進步，因農會努力改良，黃粱〔註60〕之美冠於全球，為當地
第一名產。余曾飽喫其飯，至今齒頰猶香。〔註61〕

三、雜文部

（一）新舊文學論戰諸文

昭和16至17年（1941～1942）間鄭坤五在《南方》半月刊上所發表的
文學論戰諸文，在手稿本中所見，多以鉛筆書寫，洋洋灑灑幾為獨立的一冊。
文學論戰期間，鄭坤五發表於《南方》半月刊上的討論文字，合計約有24篇，
鄭坤五也將報刊上個人及文學論戰相關人士的作品，大部分直接裁剪之後線
裝成冊，並加封面親題「文戰集錦」四字。在這份冊集中，偶然可見到鄭坤五
事後另加的校註文字，可見得鄭坤五對此次文學論戰實特別重視。

表9　鄭坤五《南方》文學論戰作品總目錄

序	刊期	頁	昭和年月	題　　目
1	137	15	16年9月1日	對臺灣詩人七大毛病再診
2	139	20	16年10月1日	訓「誰是誰非」作者嵐映氏詞
3	140/141	19	16年11月1日	駁醫卒氏三診及第二傍觀生之再診感言
4	142	15	16年11月15日	對讀「…奇聞有感」培英君及「是非」之莊文夫君回答
5	142	19	16年11月15日	再訓嵐映君

〔註59〕蘇軾〈睡鄉記〉：「醉鄉去中國，不知其幾千里也。……昔有黃帝氏嘗獲遊其
　　都……嗟乎！醉鄉氏之俗，豈古華胥氏之國乎？何其淳寂也！」。
〔註60〕「粱」，原誤作「梁」，今改。
〔註61〕唐代傳奇小說沈既濟《枕中記》，述開元士子盧生，窮愁而思功名。某日於邯
　　鄲道中旅舍遇道士呂翁，授青磁枕，盧生倚枕入夢，享盡榮華富貴。及醒，方
　　覺過往全是夢境。見店家所蒸黃粱飯尚未熟，遂感悟人生富貴榮華如同一夢。

6	143	16	16 年 12 月 1 日	對黃習之氏奉勸一句
7	143	19	16 年 12 月 1 日	對新和緩君說一聲失陪
8	144	23	17 年 1 月 1 日	再對嵐映醫卒二君同禮
9	144	28	17 年 1 月 1 日	對贊成七大毛病說者總說一句
10	145	23	17 年 1 月 15 日	讀七大毛病派佳什有感
11	146	18	和 17 年 2 月 1 日	我也對黃習之君說說新舊問題
12	146	21	17 年 2 月 1 日	總合戰
13	146	24	17 年 2 月 1 日	假詩醫賦
14	146	25	17 年 2 月 1 日	我也對舟揖君說幾句
15	146	26	17 年 2 月 1 日	謹覆培英詞兄
16	147	22	17 年 2 月 15 日	對元園客及嵐映二君之郎黨勸告
17	147	24	17 年 2 月 15 日	致嵐映君書
18	147	26	17 年 2 月 15 日	不通桶（遊戲八比文）
19	154	24	17 年 6 月 15 日	文戰後的聲明
20	156	22	17 年 7 月 15 日	對黃習之君的略說幾句
21	158	18	17 年 8 月 15 日	回答嵐映君
22	158	21	17 年 8 月 15 日	猖放屁狗賦（以四兩人講一斤話為韻）
23	160	06	17 年 9 月 15 日	答覆林克夫氏
24	160	09	17 年 9 月 15 日	答嵐映第二期文戰草案

（二）專欄什文

　　因應報紙雜誌的發達，日治時期鄭坤五曾有大量的什談短文發表於專欄之上，包括《三六九小報》的「種花小話」、「顯微鏡下的宗教」、「實若虛」、「話柄」、《詩報》的「墨戲」……，以及散見各報刊的繪畫、藝術、漢藥醫方、謎猜等，另外在手稿本上也有頗多短文，可能有些已經發表。內容包羅多樣，無所不談，嬉笑怒罵，雅俗不拘，十足呈現鄭坤五過人的廣泛興趣，及其多元的寫作風格。

表 10 《三六九小報》鄭坤五雜文輯零一覽表　　共 15 則

序　號	版	昭和日期	題　目	專欄名稱	署　名
1	17 號 2 版	5 年 11 月 3 日	雞與烏臼之談片	開心文苑	坤五
2	18 號 2 版	5 年 11 月 6 日	雞與烏臼之談片	開心文苑	坤五
3	30 號 2 版	5 年 12 月 16 日	極樂國新解	開心文苑	坤五

4	286 號 4 版	8 年 5 月 6 日	薔薇	種花小語	坤五
5	299 號 4 版	8 年 6 月 19 日	海棠	種花小語	坤五
6	300 號 4 版	8 年 6 月 23 日	牡丹	種花小語（二）	坤五
7	314 號 4 版	8 年 8 月 9 日	1.牡丹（二） 2.錦榕	種花小語（三）	坤五
8	150 號 3 版	7 年 2 月 3 日	看時鐘	諧鈴	駐鶴軒主人
9	151 號 4 版	7 年 2 月 6 日	貧富之差	諧鈴	駐鶴軒主人
10	154 號 3 版	7 年 2 月 16 日	我知道了	諧鈴	駐鶴軒主人
11	27 號 2 版	5 年 12 月 6 日	三言二語	無	坤五
12	152 號 3 版	7 年 2 月 9 日	未出生前的事	無	駐鶴軒主人
13	155 號 3 版	7 年 2 月 19 日	鈍的鋸子	無	駐鶴軒主人
14	23 號 2 版	5 年 11 月 23 日	註莊摘誤	太空論壇	坤五
15	147 號 4 版	7 年 1 月 23 日	猿羊衝突續報	靈界通電	坤五

表 11　《三六九小報》「顯微鏡下的宗教」一覽表　　共 8 則

序	號　版	昭和日期	題目	序	號　版	昭和日期	題目
1	160 號 4 版	7 年 3 月 6 日	（一）	5	164 號 4 版	3 月 19 日	（五）
2	161 號 4 版	3 月 9 日	（二）	6	165 號 4 版	3 月 23 日	（六）
3	162 號 4 版	3 月 13 日	（三）	7	166 號 4 版	3 月 26 日	（七）
4	163 號 4 版	3 月 16 日	（四）	8	167 號 4 版	3 月 29 日	（八）

表 12　《三六九小報》「實若虛」一覽表　　共 16 則 21 題

序	號　版	昭和日期	題　　目
1	328 號 4 版	9 年 4 月 3 日	序
2	331 號 4 版	9 年 4 月 13 日	無胃囊者之大會
3	333 號 4 版	9 年 4 月 19 日	百沸滾湯入口無害
4	334 號 4 版	9 年 4 月 23 日	1. 七百五十年後豫定發行之刊物 2. 兩身男與兩身女子姤婚
5	335 號 4 版	9 年 4 月 26 日	1. 東西洋正反比例之趣談、2. 東京市外紙製之法院
6	336 號 4 版	9 年 4 月 29 日	1. 遁法、2. 賣命
7	337 號 4 版	9 年 5 月 3 日	妙解

8	338 號 4 版	9 年 5 月 6 日	1. 空前絕後之毒素、2. 世間萬物歸一元
9	340 號 4 版	9 年 5 月 13 日	世間萬物之一元
10	341 號 4 版	9 年 5 月 16 日	1. 用人俗為刑罰之奇聞、2. 希奇之銃彈（一）
11	342 號 4 版	9 年 5 月 19 日	1. 希奇之銃彈（二）、2. 農家免用曆書之便訣
12	343 號 4 版	9 年 5 月 23 日	1. 禽獸職官、2. 妙算（一）
13	344 號 4 版	9 年 5 月 26 日	1. 妙算（二）、2. 猴匪
14	345 號 4 版	9 年 5 月 29 日	1. 釣魚大學、2. 男娼（相公業）（一）
15	347 號 4 版	9 年 6 月 6 日	男娼（相公業）（二）
16	348 號 4 版	9 年 6 月 9 日	男女可任意產生的新法

表 13　《三六九小報》「話柄」一覽表　　共 90 則 58 題

序	號　　版	昭和日期	題　　目
1	369 號 4 版	9 年 8 月 19 日	話柄序
2	370 號 4 版	9 年 8 月 23 日	絕對
3	371 號 4 版	9 年 8 月 26 日	巧語
4	373 號 4 版	9 年 9 月 3 日	新姓名學
5	374 號 4 版	9 年 9 月 6 日	公冶短
6	375 號 4 版	9 年 9 月 9 日	說字
7	376 號 4 版	9 年 9 月 13 日	急智
8	377 號 4 版	9 年 9 月 13 日	崔述算數不精
9	378 號 4 版	9 年 9 月 19 日	墨子與孔子同時人
10	379 號 4 版	9 年 9 月 23 日	有師傅
11	380 號 4 版	9 年 9 月 26 日	對孔子之言有幾箇疑問
12	381 號 4 版	9 年 9 月 29 日	也是詩話
13	382 號 4 版	9 年 10 月 3 日	也是詩話（續）
14	383 號 4 版	9 年 10 月 6 日	也是詩話（續 2）、禮教家之曲解
15	384 號 4 版	9 年 10 月 9 日	四書誤解
16	385 號 4 版	9 年 10 月 13 日	宗教家之醜態
17	386 號 4 版	9 年 10 月 13 日	冬烘先生十態
18	387 號 4 版	9 年 10 月 19 日	罪連九族未可厚非

19	388 號 4 版	9 年 10 月 23 日	新體詩
20	389 號 4 版	9 年 10 月 26 日	七夕之矛盾
21	390 號 4 版	9 年 10 月 29 日	也是史話
22	391 號 4 版	9 年 11 月 3 日	也是史話（續）
23	392 號 4 版	9 年 11 月 6 日	詩屑
24	393 號 4 版	9 年 11 月 9 日	續新姓名學 1
25	394 號 4 版	9 年 11 月 13 日	續新姓名學 2
26	395 號 4 版	9 年 11 月 16 日	新廣告術
27	396 號 4 版	9 年 11 月 19 日	也是謎話（1～9）
28	397 號 4 版	9 年 11 月 23 日	也是謎話（10～23）
29	398 號 4 版	9 年 11 月 26 日	也是謎話（24～34）
30	399 號 4 版	9 年 11 月 29 日	也是謎話（35～48）
31	400 號 4 版	9 年 12 月 3 日	也是謎話（49～59）
32	401 號 4 版	9 年 12 月 6 日	也是謎話（60～73）
33	402 號 4 版	9 年 12 月 9 日	也是謎話（74～89）
34	403 號 4 版	9 年 12 月 13 日	也是謎話（90～100）
35	404 號 4 版	9 年 12 月 16 日	禁煙逸話（一）
36	405 號 4 版	9 年 12 月 19 日	1. 禁煙逸話（二）、2. 不幸之美男子妻妾
37	406 號 4 版	9 年 12 月 23 日	古典改良
38	407 號 4 版	9 年 12 月 26 日	互誇　勢力
39	408 號 4 版	9 年 12 月 29 日	1. 氣節、2. 雜色話（一）
40	409 號 4 版	10 年 1 月 3 日	雜色話（二）
41	410 號 4 版	10 年 1 月 13 日	怪聲
42	411 號 4 版	10 年 1 月 16 日	白班榕
43	427 號 4 版	10 年 3 月 13 日	古聖賢之謬說（一）
44	428 號 4 版	10 年 3 月 16 日	古聖賢之謬說（二）
45	429 號 4 版	10 年 3 月 19 日	1. 古聖賢之謬說（三）、2. 段正元
46	430 號 4 版	10 年 3 月 23 日	1. 絕食的話、2. 說洋服（一）
47	431 號 4 版	10 年 3 月 26 日	1. 說洋服（二）、2. 說人物與酒杯（一）
48	432 號 4 版	10 年 3 月 29 日	說人物與酒杯（二）
49	436 號 4 版	10 年 4 月 13 日	兩性戰線視察談（一）

50	437 號 4 版	10 年 4 月 16 日	兩性戰線視察談（二）
51	438 號 4 版	10 年 4 月 19 日	新姓名學實驗
52	439 號 4 版	10 年 4 月 23 日	美人病
53	440 號 4 版	10 年 4 月 26 日	孟子的認識不足
54	441 號 4 版	10 年 4 月 29 日	1. 出恭之解說、2. 好色也是人職盡忠（一）
55	442 號 4 版	10 年 5 月 3 日	1. 好色也是人職盡忠（二）、2. 說平等
56	443 號 4 版	10 年 5 月 6 日	說團結（一）
57	444 號 4 版	10 年 5 月 9 日	說團結（二）
58	445 號 4 版	10 年 5 月 13 日	食牛肉的話（一）
59	446 號 4 版	10 年 5 月 16 日	食牛肉的話（二）
60	447 號 4 版	10 年 5 月 19 日	食牛肉的話（三）
61	448 號 4 版	10 年 5 月 23 日	1. 食牛肉的話(四)、2. 對此回地震的感想（一）
62	449 號 4 版	10 年 5 月 26 日	對此回地震的感想（二）
63	450 號 4 版	10 年 5 月 29 日	對此回地震的感想（三）
64	451 號 4 版	10 年 6 月 3 日	對此回地震的感想（四）
65	452 號 4 版	10 年 6 月 6 日	對此回地震的感想（五）
66	453 號 4 版	10 年 6 月 9 日	我的長命攝生法（一）
67	454 號 4 版	10 年 6 月 13 日	我的長命攝生法（二）
68	456 號 4 版	10 年 6 月 19 日	窮漢的怨嘆話（一）
69	457 號 4 版	10 年 6 月 23 日	窮漢的怨嘆話（二）
70	458 號 4 版	10 年 6 月 26 日	窮漢的怨嘆話（三）
71	459 號 4 版	10 年 6 月 29 日	也是祕法的話（一）
72	460 號 4 版	10 年 7 月 3 日	1. 也是祕法的話（二）、2. 產兒限制的話（一）
73	461 號 4 版	10 年 7 月 6 日	產兒限制的話（二）
74	462 號 4 版	10 年 7 月 9 日	產兒限制的話（三）
75	463 號 4 版	10 年 7 月 13 日	產兒限制的話（四）
76	464 號 4 版	10 年 7 月 16 日	產兒限制的話（五）
77	465 號 4 版	10 年 7 月 19 日	戰爭的話（一）
78	466 號 4 版	10 年 7 月 23 日	戰爭的話（二）
79	467 號 4 版	10 年 7 月 26 日	戰爭的話（三）

80	469 號 4 版	10 年 8 月 3 日	利用的話（一）
81	470 號 4 版	10 年 8 月 6 日	利用的話（二）
82	471 號 4 版	10 年 8 月 9 日	胡說
83	472 號 4 版	10 年 8 月 13 日	地理的話
84	473 號 4 版	10 年 8 月 16 日	人類的美點（一）
85	474 號 4 版	10 年 8 月 19 日	人類的美點（二）
86	475 號 4 版	10 年 8 月 23 日	裸體的話（一）
87	476 號 4 版	10 年 8 月 26 日	裸體的話（二）
88	477 號 4 版	10 年 8 月 29 日	裸體的話（三）
89	478 號 4 版	10 年 9 月 3 日	奇怪著作權的話（一）
90	479 號 4 版	10 年 9 月 6 日	奇怪著作權的話（二）

表 14　《詩報》「墨戲」一覽表

序	時間、卷頁	序	時間、卷頁
1	13 年 1 月 18 日第 169 號頁 23	16	13 年 11 月 3 日第 188 號頁 17
2	13 年 3 月 18 日第 173 號頁 4	17	13 年 11 月 17 日第 189 號頁 23
3	13 年 4 月 2 日第 174 號頁 20	18	13 年 12 月 2 日第 190 號頁 21
4	13 年 5 月 3 日第 167 號頁 1	19	13 年 12 月 16 日第 191 號
5	13 年 5 月 22 日第 177 號頁 22	20	14 年 1 月 1 日第 192 號頁 29
6	13 年 6 月 1 日第 178 號頁 24	21	14 年 1 月 21 日第 193 號頁 26
7	13 年 6 月 16 日第 179 號頁 21	22	14 年 2 月 4 日第 194 號頁 26
8	13 年 7 月 4 日第 180 號頁 22	23	14 年 2 月 19 日第 195 號頁 24
9	13 年 7 月 19 日第 181 號頁 22	24	14 年 3 月 5 日第 196 號頁 21
10	13 年 8 月 4 日第 182 號頁 23	25	14 年 3 月 18 日第 197 號頁 26
11	13 年 8 月 18 日第 183 號頁 20	26	14 年 4 月 1 日第 198 號頁 25
12	13 年 9 月 1 日第 184 號頁 20	27	14 年 4 月 17 日第 199 號頁 22
13	13 年 9 月 17 日第 185 號頁 22	28	14 年 5 月 3 日第 200 號頁 22
14	13 年 10 月 1 日第 186 號頁 21	29	14 年 5 月 20 日第 201 號頁 22
15	13 年 10 月 17 日第 187 號頁 23	30	14 年 6 月 20 日第 203 號頁 22

31	14 年 7 月 4 日第 204 號頁 23	45	16 年 9 月 6 日第 255 號頁 24
32	14 年 7 月 17 日第 205 號頁 23	46	16 年 9 月 22 日第 256 號頁 21
33	14 年 8 月 16 日第 207 號頁 22	47	16 年 10 月 6 日第 257 號頁 19
34	15 年 9 月 1 日第 231 號頁 22	48	16 年 10 月 20 日第 258 號頁 23
35	15 年 12 月 17 日第 238 號頁 25	49	和 16 年 12 月 5 日第 261 號頁 22
36	16 年 1 月 20 日第 240 號頁 30	50	17 年 1 月 1 日第 263 號頁 36
37	16 年 3 月 2 日第 243 號頁 27	51	17 年 1 月 20 日第 264 號頁 23
38	16 年 3 月 21 日第 244 號頁 25	52	17 年 2 月 6 日第 265 號頁 22
39	16 年 4 月 18 日第 246 號頁 21	53	17 年 2 月 20 日第 266 號頁 22
40	16 年 5 月 6 日第 247 號頁 23	54	17 年 3 月 7 日第 267 號頁 22
41	16 年 5 月 19 日第 248 號頁 21	55	17 年 3 月 18 日第 268 號頁 22
42	16 年 7 月 4 日第 251 號頁 22	56	17 年 7 月 24 日第 276 號頁 23
43	16 年 7 月 22 日第 252 號頁 26	57	17 年 8 月 18 日第 278 號頁 20
44	16 年 8 月 2 日第 253 號頁 22	58	17 年 9 月 15 日第 280 號頁 18

（三）九曲堂時文集

　　鄭坤五關於時事評論的作品不少，大約都集中在光復後主編《光復新報》、《原子能報》時的成果。這應該與當時中日政權轉移及其個人擔任主筆有關。鄭坤五曾自行剪輯成冊，題名《九曲堂時文集》，註明「本集是在主光復報筆政時及兼原子能報筆政時保存之散文」，內含社論、短評、專題等時論約 80 題 102 篇。吾人透過這些時文內容，可以看到鄭坤五在詩歌、小說的創作之外，於時事批評上的意見和文筆；見到他在美感塑造的文學之外，另一種富於強烈現實意義的散文。由於現今尚未能得見《光復新報》和《原子能報》，因此這一份《九曲堂時文集》也等於保留了這兩份報紙的片段，提供後人得以窺其一斑。經筆者點校及吳福助教授覆校之後，已經全文公開刊登。〔註62〕這份文獻是民國 34 年底到 36 年初期間的報紙時論，恰是民國 36 年二二八事件發生前一年多的社會時局反映，得以真實的呈現醞釀二二八事件爆發前的時局時政，是一份可貴的現世文獻。

〔註62〕林翠鳳點校；吳福助覆校〈前二二八時期的臺灣歷史見證──鄭坤五《九曲堂時文集》點校（一～八）〉，《東海大學圖書館館訊》新 124～新 131 期，2012年 1 月 15 日～8 月 15 日。

表 15　《九曲堂時文集》存目一覽表　　共 80 篇

序	題　目	日期刊物	序	題　目	日期刊物
1	論日本五十年來之統治	34.12.24	19	煮豆燃箕的慘事不宜再演	35.03.07
2	利用日本兵是雙方的利益	34.12.27	20	說說臺省人的氣節	35.03.10
3	對魚價亦當節制方合道理	35.01.01	21	在國父忌辰中喚醒同胞維持廉恥	35.03.14
4	希望急速實行救濟失業者	35 年初	22	和平與戰爭	35.03.17
5	如何建設新臺灣	35.01.07	23	我國的內憂外患將何以處理	35.03.20
6	建設新臺灣須用積極的辦法	35.01.10	24	論人才登用重在善用	35.03.23
7	可憐屋漏又兼連夜雨	35.01.11	25	呼籲國內同胞保持壹等國民的資格	35.04.01
8	軍民合作建設新臺灣	35.01.15	26	時間不嚴守的弊害（上）	35.04.08
9	喚醒國民注重科學	35.01.18	27	誰為為之誰實致之	35.04.18
10	要認識光復的意義	35.01.21	28	對省議完了後說幾點管見	35.05.26
11	什麼叫做漢奸	35.01.24	29	希望刪除奴化倭文以推進國文國語	35.05.29
12	希望學校速設公費生使貧家子弟沐一線恩光	35.02.02	30	對本季米糧辦法還是政府勵行已定法規不可放鬆	35.06.01
13	論難	35.02.17	31	怎樣是國民的氣節	35.06.03
14	希望米糧配給制再現	35.02.20	32	論我國的前途	35.06.05
15	暴殄天賦是罪惡	35.02.23	33	對本省的前途有一點隱憂	35.06.09
16	原子能的時代到了大家要覺醒	35.02.26	34	代替忍饑服務諸君呼號	35.06.11
17	對全國同胞號召願同心一志收復我東北主權	35.03.01	35	請大家須認識本省人的天性	35.06.15
18	請活用舊時會社園地	35.03.04	36	要造成清廉的官公吏需須保障他地位與生活物質	35.08.24 原子能報二版

37	公娼禁止後私娼的增加是誰的責任	35.08.10	40	希望火車站員自肅	35.12.20 光復新報
38	起用人才應有的認識	35.08.10 原子能報 一版	41	希望高雄縣改復為鳳山縣以符光復意義	35.12.20 光復新報
39	參政員發表後怎樣舊時的鬥士僅見二、三名	35.08.24	42	對省內教育獻曝	36.01.17 光復新報

以下日期缺

1	斬草固要除根國防亦要充實	20	希望當局嚴禁刀鎗
2	武力侵略打倒後經濟侵略也要防備	21	論奸商不除國不能發展
3	請不識字的參議老爺們替六百萬同胞顧面子	22	希望嚴禁帶槍
4	我也來說說今番本省內要選出的參政員	23	呼籲保持我一等國地位
5	參政員選後的觀感	24	怎樣是民意
6	停止公權人的辦法希望不宜廣泛	25	自殺是罪惡
7	加貼薪津是絕貪污的辦法	26	論法律是要大家遵守的
8	歡迎蔣主座蒞高	27	物必腐而後虫生
9	希望擴充警察為治臺原動機	28	駁蘇軾代張方平諫用兵書
10	統治臺灣的管見	29	對學界的芻議
11	說團結	30	希望注重慎終
12	對國聯的希望	31	國文的前途
13	米荒救急辦法	32	蘇聯也會製原子彈了我國怎樣啊
14	希望各地製糖工廠急速開始製糖以救失業工人	33	時期到了請大家恢復黃帝子孫的固有能力罷
15	公娼廢止的是非	34	論重形式不如重實質
16	禁止公娼的實益在那裡	35	我也來實行真感覺
17	反對花天酒地	36	姑妄言之
18	奉勸同胞破除迷信謹守衛生防遏虎疫	37	（無題22篇）
19	安不忘危的管見	38	畢業生送別歌（女校）

四、歷史部

鄭坤五好讀歷史，尤其喜歡「為古人脫褲子」〔註63〕，從不同的角度重新觀察古人古事，甚至為之翻案。從他的《筆記第一號》、《筆記第二號》《筆記第三號》密密麻麻的筆記中，可以見證鄭坤五的勤學用功。

（一）臺灣簡史

這部史書是鄭坤五晚年的力作，又名《臺灣五千年史》，將臺灣始自上古神話迄於日治的歷史梗概，以大約十萬字的篇幅，貫通古今，直書而下。手稿本自註：於「民國39年12月完成」。此原稿本上有大大小小的註語箋條，讀來十分吃力，但也反映作者寫作時力求周全的用心。此書在完成大約半年後，即民國40年6月4日詩人節前夕鄭坤五的報紙專訪中，已經記者公開披露，只可惜終究未能付梓發行。

（二）讀史管見等

鄭坤五於《三六九小報》連載〈讀史管見〉，發表其讀史、評史之新見，據聞頗受好評。鄭氏手稿中〈讀史管見〉諸文散見各本，亦有未曾發表者。對於已發表者則剪貼彙集，並加批注。值得注意的是，鄭氏有《讀史雜抄》筆記一冊，其內為鄭氏閱讀史事的各類雜抄，或摘要典故、或歸類比較、或眉批心得⋯⋯，可以充分顯示鄭坤五在寫史、論史的背後所付出的許多基本閱讀功夫。

與此類同者，尚有〈註莊摘誤〉、〈舜跡辨訛〉等多為批駁古人古事諸文，其理解或不免流於主觀，然則可見鄭氏活潑不拘之思想，別有其諧謔之趣。

表16 《三六九小報》「讀史管見」一覽表　共58期46題

序	版　次	昭和日期	題　目	標　題
1	289號2版	8年5月16日	讀史管見（1）	1. 唐太宗魏徵論用人 2. 洪秀全革命
2	290號2版	8年5月19日	讀史管見（2）	1. 殉葬 2. 山濤釋吳以為外懼 3. 唐太宗諭將卒習弓矢
3	291號2版	8年5月23日	讀史管見（3）	康澄諫君

〔註63〕依鄭坤五哲嗣鄭麒傑借自李教語。據筆者民國91年2月7日訪問。

4	293 號 4 版	8 年 5 月 29 日	讀史管見（4）	1. 王昭遠自比諸葛亮 2. 狄青疑智高詐死
5	294 號 4 版	8 年 6 月 3 日	讀史管見（5）	1. 鳳凰與治亂無關 2. 秦檜主和議（上）
6	295 號 4 版	8 年 6 月 6 日	讀史管見（6）	1. 秦檜主和議（下） 2. 臧丈人或係呂尚
7	296 號 2 版	8 年 6 月 9 日	讀史管見（7）	1. 家天下者之職官名稱 2. 史家好作鬼話
8	297 號 2 版	8 年 6 月 13 日	讀史管見（8）	1. 明代君臣對礦業之矛盾
9	298 號 2 版	8 年 6 月 16 日	讀史管見（9）	1. 張居正好處比壞處多（一）
10	299 號 2 版	8 年 6 月 19 日	讀史管見（10）	1. 張居正好處比壞處多（二） 2. 無獨有偶（一）
11	300 號 2 版	8 年 6 月 23 日	讀史管見（11）	無獨有偶（二）
12	301 號 2 版	8 年 6 月 26 日	讀史管見（12）	無獨有偶（三）
13	302 號 2 版	8 年 6 月 29 日	讀史管見（13）	無獨有偶（四）
14	304 號 2 版	8 年 7 月 6 日	讀史管見（14）	1. 簡子書簡以審賢愚 2. 智伯之敗（一）
15	305 號 2 版	8 年 7 月 9 日	讀史管見（15）	1. 智伯之敗（二） 2. 衛殃變法（一）
16	306 號 2 版	8 年 7 月 13 日	讀史管見（16）	1. 衛殃變法（二） 2. 史筆四蔽（一）
17	307 號 2 版	8 年 7 月 16 日	讀史管見（17）	1. 史筆四蔽 2. 呂不韋第二
18	308 號 2 版	8 年 7 月 19 日	讀史管見（18）	1. 小人如毒藥 2. 吳起（一）
19	309 號 2 版	8 年 7 月 23 日	讀史管見（19）	1. 吳起（二） 2. 秦始皇之善惡（一）
20	310 號 2 版	8 年 7 月 26 日	讀史管見（20）	秦始皇之善惡（二）
21	311 號 2 版	8 年 7 月 29 日	讀史管見（21）	秦始皇之善惡（三）
22	312 號 2 版	8 年 8 月 3 日	讀史管見（22）	1. 秦始皇之善惡（四） 2. 誤忠（一）

23	313 號 2 版	8 年 8 月 6 日	讀史管見（23）	1. 誤忠（二） 2. 功高震主之危（一）
24	314 號 2 版	8 年 8 月 9 日	讀史管見（24）	功高震主之危（二）
25	315 號 2 版	8 年 8 月 13 日	讀史管見（25）	1. 功高震主之危（三） 2. 舊臣多不得志於新君 3. 腐儒胡說（郭大有）
26	317 號 2 版	9 年 2 月 23 日	讀史管見	腐儒胡說　其二（趙雪航）
27	318 號 2 版	9 年 2 月 26 日	讀史管見	腐儒胡說　其三（趙雪航）
28	318 號 2 版	9 年 2 月 28 日	讀史管見	漢高與項羽優劣
29	319 號 2 版	9 年 3 月 3 日	讀史管見	漢祖殺丁公之隱情
30	321 號 2 版	9 年 3 月 9 日	讀史管見	神話之黑幕（一）
31	322 號 2 版	9 年 3 月 13 日	讀史管見	1. 神話之黑幕（二） 2. 論王陵與平勃優劣（一）
32	323 號 2 版	9 年 3 月 16 日	讀史管見	論王陵與平勃優劣（二）
33	324 號 2 版	9 年 3 月 19 日	讀史管見	1. 論王陵與平勃優劣（三） 2. 左雄限之矛盾（一）
34	325 號 2 版	9 年 3 月 23 日	讀史管見	左雄限之矛盾（二）
35	326 號 2 版	9 年 3 月 26 日	讀史管見	佛骨（一）
36	327 號 2 版	9 年 3 月 29 日	讀史管見	1. 佛骨（二） 2. 王陵母（一）
37	328 號 2 版	9 年 4 月 3 日	讀史管見	王陵母（二）
38	329 號 2 版	9 年 4 月 6 日	讀史管見	1. 王陵母（三） 2. 日月蝕彗星現（一）
39	330 號 2 版	9 年 4 月 9 日	讀史管見	日月蝕彗星現（二）
40	331 號 2 版	9 年 4 月 13 日	讀史管見	1. 日月蝕彗星現（二） 2. 矯制（一）
41	332 號 2 版	9 年 4 月 16 日	讀史管見	矯制（二）
42	333 號 2 版	9 年 4 月 19 日	讀史管見	1. 矯制（三） 2. 元朝有三伯顏（一）
43	334 號 2 版	9 年 4 月 23 日	讀史管見	元朝有三伯顏（二）
44	335 號 2 版	9 年 4 月 26 日	讀史管見	之名錄（一）
45	336 號 2 版	9 年 4 月 29 日	讀史管見	1. 之名錄（二） 2. 中國歷代帝王之利用仙佛（一）

46	337 號 2 版	9 年 5 月 3 日	讀史管見	中國歷代帝王之利用仙佛（二）
47	338 號 2 版	9 年 5 月 6 日	讀史管見	王旦不諫天書之是非（一）
48	339 號 2 版	9 年 5 月 9 日	讀史管見	王旦不諫天書之是非（二）
49	340 號 2 版	9 年 5 月 13 日	讀史管見	王旦不諫天書之是非（三）
50	341 號 2 版	9 年 5 月 16 日	讀史管見	郭子儀之弄險（一）
51	342 號 2 版	9 年 5 月 19 日	讀史管見	郭子儀之弄險（二）
52	343 號 2 版	9 年 5 月 23 日	讀史管見	1. 郭子儀之弄險（三） 2. 敕殺孝子瑝琇之是非（一）
53	344 號 2 版	9 年 5 月 26 日	讀史管見	敕殺孝子瑝琇之是非（二）
54	345 號 2 版	9 年 5 月 29 日	讀史管見	1. 敕殺孝子瑝琇之是非（三） 2. 利用迷信亦有好處（一）
55	346 號 2 版	9 年 6 月 3 日	讀史管見	利用迷信也有好處（二）
56	347 號 2 版	9 年 6 月 6 日	讀史管見	利用迷信也有好處（三）
57	348 號 2 版	9 年 6 月 9 日	讀史管見	1. 利用迷信也有好處（二） 2. 爬灰翁有幸有不幸（一）
58	349 號 2 版	9 年 6 月 13 日	讀史管見	爬灰翁有幸有不幸（二）
附 1	23 號 2 版 《三六九小報》	5 年 11 月 23 日	太空論壇	註莊摘誤
附 2	143 期 5 頁 《南方》半月刊	16 年 12 月 1 日		舜跡辯訛

表 17 《三六九小報》「海口大學講座」一覽表　　共 7 則七題

序	號 版	昭和日期	題 目
1	48 號 4 版	6 年 2 月 19 日	第一課　舉案齊眉
2	50 號 4 版	6 年 2 月 26 日	第二課　文姬歸漢
3	51 號 4 版	6 年 2 月 28 日	第三課　大人豹變
4	52 號 4 版	6 年 3 月 3 日	第四課　齊人有一妻一妾
5	53 號 4 版	6 年 3 月 6 日	第五課　良人者所仰望而終身也
6	70 號 4 版	6 年 5 月 3 日	第六課　為政不難不得罪於巨室
7	79 號 4 版	6 年 6 月 3 日	第七課　齊大非吾耦

第二節　版本型態

　　文獻學，向來被認為是傳統的學問。在臺灣文學的領域中，則甚至是幾乎要為人所忽略的。在臺灣文學逐漸被視為顯學的蓬勃發展過程中，特別是作家文學史料被逐步開發出來的現在和未來，完善的文獻整理功夫，尤其越發顯得有其必要性。在試圖有朝一日建構更完善的臺灣文學史的目標上，只有文學史料優先通過客觀性的整編，方能提供最真實可靠的依據。

　　文獻研究的範疇和目的為何？文獻學者杜澤遜認為：

> 文獻學主要是研究文獻的型態、文獻的整理方法、文獻的鑒別、文獻的分類與編目、文獻的收藏、文獻形成發展的歷史、各種文獻的特點與用途、文獻的檢索等等。

> 目的在於全面認識文獻，學會在浩如煙海的文獻中，用較少的時間，找到盡可能全的自己所需要的文獻資料，同時還要有能力對這些資料的不同版本進行鑒別，確定較早的、較全的、較可靠的版本。而且有能力對原始文獻作整理加工，自己使用以外，還可以供更多的人使用。〔註64〕

可見文獻學目標意在透過系統性的方法，促使資料更加接近真與善，進而使人們能更加正確而快速地使用資料。

　　文獻整理，基本上區分為外在和內在。前者為外型的鑑定，特別是版本的型態、真偽，是文獻研究的前提，需優先進行判定；後者是指內容的鑑定，亦即在版本已經確定下，就其內容存真度進行考證研究，特別是內容的虛實、文字的正訛等。〔註65〕

　　文學史料是瞭解作家及作品的基礎入門，因此作家文學史料的整理，應該要以目錄、版本學為基礎，才能使成果具有客觀性，也才能提升其可用性與可信度。作家手稿自是屬於原始文獻，是最珍貴的第一手文學史料。它最能直接反映作家的寫作情態，也最易使後世直接感知作家。

　　本文即針對鄭坤五的手稿文獻，初步就外在與內在兩方向，分別以版本與異文二項加以說明：

〔註64〕見杜澤遜《文獻學概要》第5頁，北京：中華出局，2002年4月北京二刷。
〔註65〕參潘樹廣主編《中國文學史料學》（上）第二節文學史料學，第15～18頁。
　　　　臺北：五南，1996年12月初版一刷。

一、版本的類型

《中國文學史料學》一書中曾將文學史料區分為三個層位，其中所謂「第一層位的文學史料」指的是：

> 作家本人的著作，群體性文學活動的當事人或事件之目擊者的撰
> 述，稱為第一層位的文學史料。作家本人的著作，包括他的文集、
> 日記、書信，或散見的文學作品、回憶錄、自傳等，是研究該作家
> 最有價值的基礎資料。〔註66〕

手稿本的存在，不僅提供後世知曉文人創作的成果，其實也同時無言地展現前賢創作文藝時的情懷。透過文物的尚能保存，具像體現歷史的傳承和精神的執著，給予後世子孫認識鄉土先賢最可貴的實物教材。版本的表現，就是具體無言的一種傳達。鄭坤五詩文文獻型態多樣，其版本型態主要有以下幾種：

（一）草稿本

草稿本乃經作者親筆書寫，且經常多有塗消勾畫之處。在鄭氏後裔珍藏的文件中，以此類為數較多。內中或整齊、或潦草，從書面的筆跡，似乎都能感受到作者當時寫作的精神情態。令人印象深刻的是觀賞文戰諸文，其草寫的文字溜滑直書，洋洋灑灑，甚少停頓、修改、補字，儼然氣勢暢旺蒸騰，不書不快，而讀者讀來，似乎也嗅到了激戰的煙硝味了！

（二）手抄本

鄭坤五自漳浦返臺後短期之間住在鳳山，至大正8年（1919）左右才遷居九曲村（今九曲堂）。而手稿本所印「九曲堂詩集」諸字，則顯然表示該專用稿是在遷居九曲堂之後才印製的。因此大約在大正8年之前的作品，必然也是稿紙印製後才抄錄上去的。此類自當稱作「抄本」。最初期的《九曲堂詩集》即可歸類為手抄本。

另外，作家也有部分作品在定案後再行重抄的，多為其自行抄寫，晚年則有請人代抄者，有時也有重複抄錄的情形。此類手抄作品並未完全集中歸納，往往散落錯置於草稿之間。

〔註66〕見潘樹廣主編《中國文學史料學》（上冊）第142頁。書中該頁指出：「根據
　　　史料形成的不同情況，大體可將文學史料分為三個層位。」所謂三個層位是
　　　指：第一層位、第二層位、第三層位。

（三）批校本

經過批注、校勘，或加寫題跋即為批校本。在此主要是指剪貼簿批校，鄭氏將發表過的作品匯貼後，親筆修正誤漏或補註背景，頗能顯現其珍惜的態度。而補修內容則對於後世瞭解作者寫作背景、或其作品文字的正確性等多方面，提供了相當大的助益。

（四）刊印本

凡曾在公開刊物上發表者，不計篇幅長短，此均概約稱為刊本。鄭坤五是一位多產作家，除了他自己擔任主筆的報刊，如《臺灣藝苑》、《光復新報》、《原子能報》之外，他的作品廣泛地發表在不同的刊物上。這些已發表作品，便成為可以與手稿本互相比較的最佳校本。

例如：以詩而言，其《九曲堂詩草》雖然以分歧的形式發表於不同刊物，但以目前所得，仍以《詩報》中所見性質最純一，均名為「九曲堂詩草」，且總數高達 50 首詩歌，冠於其他刊物。而如果不以此專欄名稱為限，則《詩報》中所見鄭坤五詩作，更高達 120 首以上。此外如《鯤南詩苑》、《詩文之友》等俱可見其詩作。若以文而言，最為多見者，應為《三六九小報》、《南方》半月刊。

而許多時代或先或後的選集、合集中亦可零星得見鄭坤五作品，例如：《新年言志》、《臺灣詩醇》、《東寧擊缽吟前集》、《後集》、《瀛海詩集》〔註67〕等；甚至是文友別集之中或亦可得見往來唱和的紀錄，例如：《鍾貞甫先生七一榮壽紀念冊》、《蕭永東先生遺稿》、《王少濤全集》〔註68〕等。

〔註67〕《新年言志》，鷹取田一郎編輯兼發行。大正 13 年（1924）4 月 21 日印刷，同年 4 月 25 日發行。

《東寧擊缽吟前集》，曾朝枝（笑雲）編，陳鐵厚發行。昭和 9 年（1934）3 月 26 日印刷，同年 3 月 30 日發行。

《東寧擊缽吟後集》，曾笑雲編。昭和 11 年。未見出版頁。昭和 10 年（1935）6 月 5 日印刷，同年 6 月 9 日發行。

《臺灣詩醇》，賴子清編輯兼發行。昭和 10 年（1935）6 月 5 日印刷，同年 6 月 9 日發行。

《瀛海詩集》，可軒黃洪炎編，臺灣詩人名鑑刊行會發行，昭和 15 年 12 月 25 日印刷，同年 12 月 30 日發行。印刷所臺灣新民報社。

〔註68〕《鍾貞甫先生七一榮壽紀念冊》，臺南：崇文行，民國 45 年（1956）。

《蕭永東先生遺稿》，手稿本。

《王少濤全集》，吳福助／楊永智主編，2004 年 12 月，臺北：臺北縣立文化局。

　　然而日治時期出版品損佚頗多，吾人在廣加搜求的過程中，存在著刊本不全或已經亡佚的先天困難。在這部份，目前只能盡人事而已了。

　　另外一提的是一稿多投的現象。早期未有著作權的觀念，一稿多投的現象所在多有，社會上也並不忌諱。造成的結果，是同樣的作品，在不同版本上有或大或小的改動，致使有不少同題異文的現象，其間有僅是辭藻的潤飾，也有改易內容或意境者。

二、載體形製

　　版本型態多樣，則其載體形製亦同樣多元，最主要有以下數種：

（一）鄭坤五特製專用簿本

　　主要是指「九曲堂詩集」本，此為所有載體中最精美者，也是使用年代最早的簿本。以鄭坤五來臺後初居鳳山，至大正 8 年（1919）才遷居九曲堂而言，則此專用稿本的製作時間，大約應於遷居九曲堂之後。青年鄭坤五在大正 9 年（1920）被派任為庄長之前，即已印製此精美的個人詩稿專用本，則照史以「富貴」稱其家境富裕〔註69〕，此專用稿本的製作或可作為旁證之一。

　　這本鄭坤五私人專屬稿紙，係作者委託訂製，基本上仿照傳統版式風格，每頁直行九大紅格，邊框以金屬鑄藝術花邊紅墨印刷，花紋清雅活潑。每半葉版框寬 13.6 公分×高 20.5 公分，其中眉批欄約高 3 公分。單上魚尾，其下版心大字印有「九曲堂詩集」五字書名，書耳部分刊刻「友鶴山人鄭坤五末定草」十字。〔註70〕為折頁裝訂的形式，初期尚依循規格，後來則多有割開折葉書寫的情形。其紙稍厚而脆，邊角多有折損，大體而言，保存尚稱完好。初期皆以毛筆工整抄寫，後來則毛筆、墨水筆等兼用，墨水筆跡則常有渲染的現象，以致頗有些文字不易辨認。

　　再有一種屬於活頁稿紙的形式，亦為鄭坤五專用。此稿紙版框寬 10.8 公

〔註69〕照史〈鄉土文學的先驅鄭坤五〉：「庄長為官派，雖不必以懂日語文者為限，但應由地方名士出任，則毫無例外。何謂名士？離不開『富貴』二字。鄭家遷臺，可能還不到二十年。……法院通譯，以今視之當無稀罕，在當時是很了不起的。」見《高雄人物述評（第二輯）》第 90 頁。

〔註70〕「友鶴山人鄭坤五末定草」，其中之「末」字是否為「未定草」之誤？尚不敢遽斷。因為以此用心製作的精美印刷品會有如此錯誤，頗為費解。若言鄭坤五採「末定」之義，在欲以此為作品最後定稿抄錄本，或亦不無可能。

分×高 13.3 公分，每頁 9 行，每行 15 格，上眉橫書「詩稿」二字，下腳則書「詩報社」三字，左下邊直書「九曲堂鄭坤五」六字。俱為紅色油墨印刷。不知這是《詩報》社為鄭坤五訂製的詩稿用紙？亦或是鄭坤五為投予《詩報》詩文所訂製的專用稿紙？唯所見數量極有限。

（二）各種體式之筆記本

尺寸最小者僅寬 13 公分×高 17.5 公分；最大者約寬 19.5 公分×高 27 公分。厚者達數百頁，薄者僅數張。其中有信用組合收支簿、學生習作簿、日記本、市售筆記簿⋯⋯等。其裝訂方式有釘裝、棉線裝、紙線裝、膠裝。然而或因年代已久，釘裝者多生鏽，甚至鏽蝕斷裂；棉線線裝者多為製造者販售前的裝訂型態；紙線線裝者係揉紙為線，據以為修補之材料，有些尚能保持完好，但也有鬆脫斷裂者；膠裝者僅影本，當為晚近所為。

另有一款為市售一般寫作稿本，版框寬 11.6 公分×高 16.1 公分，每頁十行，每行 20 字，各行右側均有無格線之通列一行，紅色油墨印刷。皆以線裝方式裝訂，且均無封面，推想應是鄭氏自行裝訂者。為筆記之用。

（三）剪貼簿

鄭坤五剪貼簿有二種，其一為剪貼專用的剪貼簿，尺寸寬 16.8 公分×高 24.6 公分，每本約近 50 張，紙質粗黃，尚有韌性；其二為取一般筆記本代用之。鄭坤五剪貼簿內諸文，幾乎皆為已在報刊發表的個人作品。基本上以完整文章為單元，將同題者匯集為一，即使其中難免有所缺漏不齊之處，但對於文章的流暢與一貫，依然有助於一目了然。這些剪貼簿大體保持完好，簿面上還有鄭坤五親自校正、修改或批註的文字，彌足可貴。

（四）便用箋紙

在裝訂成冊的簿本之外，尚有相當數量的零散文件。主要有二類：其一為加插文字的箋條，往往折疊黏附，引線牽延。此類以《臺灣簡史》手稿本為最，其上之大小黏箋超過數十張，使得原本即以小字寫得密密麻麻的手稿，更加令人難以卒睹；其二為獨立完整的詩文，常常夾藏散落於簿本之中。或許當年物力維艱，抑或許詩人隨手寫來，便箋種類多樣，包括有空白紙張、報社用紙、詩社徵詩用紙、十行紙、自筆記本撕下之內頁⋯⋯等。

三、個人整理成績

從家屬現存的遺作版本型態，推知鄭坤五生前雖然有過整理的意念，但終究並未完成系統性的編輯成果。換句話說，他對個人作品的整理並不周全。觀諸他的編整成績大概可以區分為三個階段：

（一）青年時期以傳統詩歌的抄錄為主

鄭坤五詩名顯揚甚早，他個人也很早便有意識地為自己的詩作進行整理。他使用私人印製的專屬稿紙，也親自以毛筆整齊抄錄，這些用心的舉動，都明白顯示出他對個人作品的珍視。這樣的情況大致持續到日治晚期，而前期也遠較後期工整。

（二）中年時期以雜文、小說的彙編為主

鄭坤五在中年時期的創作活力十分旺盛，大約在 40 歲（1924）辭去庄長之後，至 66 歲（1950）自屏東女中教職退休之前的二十多年之間，他有大量的詩文作品，分別刊登在不同的報紙雜誌上〔註71〕，可說是他個人生命中的創作顛峰。其中在《南方》半月刊的連載小說和文學論戰諸文，已經由南方出版社出版《鯤島逸史》一書，與彙編成《文戰集錦》一冊而完成整編，目前也未見鄭氏有另作整理的文件。

除此之外，鄭坤五經由剪貼的方式，匯集了許多其個人已經公開刊登的剪報，其中包括長期刊載的〈大陸英雌〉、〈讀史管見〉、〈實若虛〉等在《三六九小報》上的文章；比較更珍貴的是曾經由鄭坤五擔任創刊主筆的《光復新報》和《原子能報》，現今均尚未能尋得，幸好經由鄭氏的剪貼匯集，吾人於今尚得窺見其一斑。

（三）晚年較缺少整理的成果

這應該與其視力日衰、體弱多病有關。以現存晚年稿本觀之，有許多字跡潦草歪斜的文字，推想，應該詩人晚年以其極微弱的視力，加以顫抖的雙手，卻是旺盛的詩興之下，勉強寫下的詩句啊！其幼子鄭麒傑先生曾經回憶當年父親吟詩創作，要他代為抄寫的情景。現在在手稿上的確也可在其晚年筆跡中，突兀地出現整齊而略帶稚氣的文字。一時之間，老父稚子的天倫溫

〔註71〕 參見林翠鳳〈鄭坤五及其《九曲堂詩集》初探〉附錄一：「鄭坤五年表初編」收在《日治時期臺灣傳統文學論文集》，臺中：東海大學中文系，2002 年 4 月 13 日。

情，彷彿也跨越時空在手稿上重現眼前。手寫文獻不同時也是高度富含情感的文物嗎？

第三節　文獻校勘

　　校勘的基本精神在於「多聞闕疑」。《論語‧為政》：「多聞闕疑，慎言其餘，則寡尤。」不可強不知為知，亦不可自以為是而改作填入。因此在校對的過程中，常請教前輩專家，反覆參酌，若十分把握，則補入文中，以附註標明之；若尚有疑義或不甚把握，則於附註中暫存待考；而終不能確認者，只好以「□□□」表示。這樣的情形在手稿中常見，在刊本中亦不乏事例。

　　鄭坤五在手稿中所使用的書寫工具包括有毛筆、鉛筆、墨水筆筆等。其中以毛筆字最為清晰，字體也最大，十分有利於閱讀，惟部分草體頗費思量；鉛筆字鉛墨不甚厚重，字體較小，排列較緊密，在閱讀上不是很舒適；墨水筆有油性與水性之分，又以水性最易於暈散渲染，以致有部分字跡模糊，甚至幾近無法辨識，最令人感到困擾。諸如此者，若有已發表者可供參酌比對，尚能有助於推知，若無其他刊本，則在辨識成果上便有極大的不確定性了。在這一部分，後人無法代為定稿，也是應該誠實以告的。

　　以《光復新報》上連載的《活地獄》小說為例，這應該是鄭氏存稿中鉛字排印最不精工的一份刊物。文中常見脫字空白、異體別字、簡字等現象，並且也因紙質較為粗鬆、油墨浮淺，部分文字已經有被磨滅渙散的情況。例如：「兩人至□角□〔註72〕派出所始相會見」，此句中之「角」字之上、下均各有一字，但刊本渙滅，無法明辨。又「所」字在刊本上原是缺空一格，吾人依照上下文意推斷補入。然如「此法雖屬與□□〔註73〕交界」一句，雖亦同法推斷，應作「陰陽」，然未有充分根據，因此僅附註參考而已。

　　除了原稿筆跡渙散，難以辨識的情形之外，作品中有各式的異文情形，校勘者首先應當就這些異文的現象加以釐清、訂正，才能直接有助於作品正確面貌的呈現。茲先就其異文現象說明之。

〔註72〕「角」下之字，原印本渙滅難辨，疑作「窗」。
〔註73〕「□□」二字，原刊本渙滅難辨，疑作「陰陽」。

一、異文的現象與校勘

只要有書面文字，就一定有校勘的必要，尤其有兩種以上的版本時。這是審慎求真的精神，是編輯者同時為作者與讀者負責的態度。校勘的最大目的，在於忠實地呈現作品原貌。除了作者，沒有任何人可以更改作品，也沒有人可以為作者選擇文字。作品內容評價如何，那是一回事，但後人站在編輯的立場而言，將作品以最接近正確的原貌呈現，才是編校者應有的基本信念。

在能得見作者親筆手稿的情況下，異文現象的解決，是可以有最可靠的一手版本可資參考，再以其他版本作為旁參。但即使是手稿，也有筆誤、脫漏等現象可能發生，校勘還是必須進行的。

以鄭坤五的作品為例，雖然生在近代，距今不遠，也保存了相當數量的原始文件，但其作品經過抄錄、批注、修補、發表等不同形式的登載，同一作品的異文現象，十分常見。我們無法起故人於地下，也只好運用校勘方法，整治其異文，盡力為之傳存作品正確原貌。所謂「異文」，包括廣、狹二義：

> 狹義的「異文」乃文字學之名詞，它對正字而言，是通假字和異體字的統稱；廣義的「異文」則作為校勘學之名詞，「凡同一書的不同版本，或不同的書記載同一事物，字句互異，包括通假字和異體字，都叫異文。」〔註74〕

當然對近代作家文獻而言，採取廣義的定義是比較切當的。異文的產生有其原因，它的存在顯示著作品的差異性，是應該加以區別的。但異文不全然都是必須剔除的，事實上，異文與作者、作品之間存在著利弊互見的關係，吾人也可以異文為門徑，藉以對作者或作品進行不同角度的瞭解。

（一）異文的產生原因

在鄭坤五的文學文獻中，有未曾公開的作品，異文的現象較少；但也有被刊載引用多次者，異文現象的出現頻率，自然也較高。茲就所見其異文的產生原因歸納說明如下：

1. 作家個人用字習慣

作者個人手寫習慣或形近筆誤所致之常見異字，凡有用及某語詞，多寫

〔註74〕見王彥坤《古籍異文研究》第 1 頁。臺北：萬卷樓圖書公司，1996 年 12 月初版。

某字。事例舉隅如下：

（1）「斑」誤作「班」。如：〈水中天〉：「爛斑〔註75〕上下錦成紋。」、〈畫虎〉：「班〔註76〕奴嘗厭血脂香。」

（2）「響」誤作「嚮」。如：〈讀書聲〉：「響〔註77〕微寒窗燈一點。」、〈鼓聲〉：「到處逢逢響〔註78〕不平。」

（3）「負隅」之作「負嵎」。如：〈燈虎〉：「負嵎燈下見君臨。」〔註79〕、〈題自畫虎〉：「負嵎一吼起腥風。」〔註80〕

（4）「環境」作「寰境」。如：〈地球之由來〉：「有太陽光熱相醞釀環境〔註81〕和融。」、〈畫虎〉：「不因環境〔註82〕失威風。」

（5）「耶穌」慣作「耶蘇」。如：《活地獄》：「鳳山耶蘇〔註83〕教堂壁」、〈誰是誰非〉：「村中新設耶蘇〔註84〕教會。」《詩報》「墨戲」：「耶蘇告天者」〔註85〕

（6）比較特殊的是「旁」作「傍」，在手稿本中，鄭氏皆親筆作「傍」，刊本上的鄭氏作品中也幾乎多作「傍」。例如：〈蓬萊清籟·序〉：「旁〔註86〕

〔註75〕「斑」，手稿本、《臺灣藝苑》均誤作「班」，今改。〈水中天〉：「卻疑顛倒置乾坤，一色輕清印水濱。星被魚喰吞復吐，空為萍掩合還分。渡頭人蹴銀河浪，柳岸絲牽碧落雲。取映澄淵霞煥柔，爛斑上下錦成紋。」

〔註76〕「斑」，原誤作「班」，今改。〈畫虎〉：「弱肉強餐理所常，班奴嘗厭血脂香。山人別有傷時感，禿筆無心更畫倀。」

〔註77〕「響」，手稿本、《臺灣藝苑》均誤作「嚮」，今改。

〔註78〕「響」，手稿本作「嚮」，今改。〈鼓聲〉其四：「人世即今多守默，登聞誰更送繁聲。滿腔積氣盈思洩，到處逢逢響不平。」

〔註79〕〈燈虎〉：「負嵎燈下見君臨，出處文風起墨林。騷客乍談多技癢，武人相對應寒心。杜家有癖皆能射，馮臂空攘未易擒。我愛獵奇同逐鹿，打圍無厭到更深。」

〔註80〕〈題自畫虎〉：「負嵎一吼起腥風，韻遶飛泉激石淙。當日靈均何處去，臨流李耳未浮江。」

〔註81〕「醞釀環境」，手稿本作「氳釀寰境」，今改。

〔註82〕〈畫虎〉其二：「托足霜天雪地中，不因寰境失威風。獨標本色羞同化，昂首冰原傲白熊。」本詩另見民國35年9月21日《原子能報》第四版陳春林〈祝鄭坤五先生六旬壽詩附刊小引〉。唯本詩「寰境」剪報中作「環境」、「本色」剪報中作「正色」、「昂首」剪報中作「翹首」。

〔註83〕「耶穌」，作者慣作「耶蘇」，今從日常慣例改作。

〔註84〕「耶穌」，手稿本均作「耶蘇」，今改，下同。

〔註85〕見《詩報》昭和14年8月16日第207號22頁「墨戲」。

〔註86〕「旁」，手稿本及《南方》均誤作「傍」，今改。下同。

習漢詩」、〈虎皮狗〉：「不管旁〔註87〕人冷眼看。」、〈舜跡辨訛〉：「《書‧堯典》曰：『舜居其傍。』」等，甚至在他人之作中亦常見此，如《南方》半月刊的新舊文學論戰中，嵐映〈有再教育的必要〉：「這種傍若無人的瘋話！」、〈致鄭子書〉：「傍觀志士，路打不平」，綠波〈觀傍觀生反駁文有感〉：「為傍觀者，不能以此立論。」〔註88〕甚至有筆名「傍觀生」、「第二傍觀生」者。此字似乎是當時代一般人的通用寫法。

雖然以作者飽讀詩書，文字筆誤有限，但諸如此類的書寫習慣，與一般用字有異，也是應該指出來的。甚至可以作為作者的用字特點之一。

2. 一般常見通同字的互用

事例舉隅如下：

（1）「惟」作「唯」。如：〈甲府懷古〉：「托孤惟〔註89〕少孔明忠。」

（2）「文」作「紋」。如：〈虎皮狗〉：「於菟文〔註90〕綵飾毫端。」

（3）「裏」、「裡」互通。如：〈春衣〉：「繡裾飄蕩東風裡〔註91〕。」、〈虎爪菊〉：「等閒奮臂西風裏。」〔註92〕

（4）「草」、「艸」互用。如：「九曲堂詩草」亦作「九曲堂詩艸」。

（5）「絃」作「弦」。如：〈題山水〉：「始知高調屬無絃〔註93〕。」

（6）「娘」作「孃」。如：〈自由結婚〉：「也把娘〔註94〕加一字新。」

〔註87〕「旁」，手稿本、《臺灣藝苑》、《瀛海詩集》均誤作「傍」，今改。

〔註88〕分見《南方》140、141 期（合刊本）昭和 16 年 11 月 1 日 25 頁、146 期昭和 17 年 2 月 1 日 15 頁、143 期昭和 16 年 12 月 1 日 16 頁。

〔註89〕「惟」，手稿本作「唯」。

〔註90〕「文」，手稿本作「紋」。〈虎皮狗〉：「狗黨居然假外觀，於菟文綵飾毫端。滿身自顧威風凜，百獸相逢膽氣寒。迎我獨憐搖尾巧，對渠一笑相皮難。畜生只覺虛榮好，不管旁人冷眼看。」

〔註91〕「裡」，手稿本作「裏」。〈春衣〉：「二月春風不覺寒，時髦競尚五銖單。披身雅襯蠻腰細，揮翰偏嫌翠袖寬。鬥草碧痕侵蜀錦，葬花珠淚濕齊紈。繡裾飄蕩東風裡，雲想綾羅出畫欄。」

〔註92〕〈虎爪菊〉一首曾發表於昭和 2 年 4 月 15 日《臺灣藝苑》第一卷一期 26 頁，詩曰：「枝上班奴爪欲揮，陶園雄據有餘威。攘難三徑日方曙，攫兔東籬月正輝。簾外驚逢人影瘦，樽前欣遇蟹螯肥。等閒奮臂西風裏，擒住秋光不放歸。」其中，「裏」，手稿本與《瀛海詩集》、《南方》均作「裡」。又收錄於黃洪炎編《瀛海詩集》（昭和 15 年 12 月發行）第 410 頁。

〔註93〕「絃」，手稿本作「弦」。〈題山水〉：「抱琴日暮向河邊，一路松風與石泉。聽盡天然山水響，始知高調屬無絃。」

〔註94〕「娘」，手稿本作「孃」。

（7）「皮鞄」作「皮包」。如：《活地獄》：「皮鞄〔註95〕」

（8）「幕」作「羃」。如：〈雪花〉：「簾幕均沾六出英。」〔註96〕

3. 刊物校對不精

　　日治時期雖然刊物發行蓬勃，然而校對未精仍是常見的現象，尤其是報紙型刊物。有些錯誤是明顯的，讀者本身即可判斷，但也有許多誤漏非作者不能知。鄭坤五經常在刊物上發表言論，或許他也深受校對不精的困擾。這從他的作品剪貼簿中可以一見端倪。在目前所見的兩本剪貼簿中，處處可見鄭氏自我重校修正的筆跡，有些是修辭的調整，有些是文句的補入，但更多的是鉛字校對未精的訂正。鄭坤五曾有一則「墨戲」記其姓氏遭誤刊的趣事，其文如下：

　　《風月報》第九十期 34 頁〔註97〕，恭載〈樺山公遺跡碑〉，徵詩揭曉，其左詞宗為李石鯨先生，右詞宗即余也。因植字先生錯誤，竟刊為「邵坤五」，強拉「鄭康成」與「劭康節」聯宗，未免無謂，天幸「坤五」二字猶健在，不然或被寫作「神王」，則僭越之罪，何人敢當？內子笑謂余曰：「子妄膺詞宗近二十年，正未卜屈殺多少賢才，想陰魂不散，故受改姓之罰。」余雖崇拜無鬼論者，聞之不覺毛骨森然，擬食三百年穿籬菜，廿億萬遍《素女經》，以解除騷壇枉死者夙怨。繼念理或不然，吾家國姓爺，曾受明主賜姓朱而受封郡王，改姓原不足為恥，於是爰賦三絕解嘲：

　　錯把康成易康節，聯宗彼此似無妨。只愁坤五神王化，恐縮多多那敢當。（其一）

　　騷壇〔註98〕屈殺人無數，姓改將因〔註99〕罪孽重。不肖兒孫〔註100〕同賣祖，廿年積怨作詞宗。（其二）

〔註95〕「皮鞄」，一般寫作「皮包」。「鞄」，柔革製之篋。

〔註96〕「幕」，手稿習作「羃」。〈雪花〉：「雪花如霰墜空庭，簾幕均沾六出英。抵惜只能開頃刻，化工何事苦粧成。」

〔註97〕查〈樺山公遺跡碑〉徵詩刊載於《風月報》昭和 14 年（1939）7 月 24 日第 90 期 34 頁，《詩報》原誤作「十九期」。今經查證後改之。

〔註98〕《詩報》作「騷壇」，手稿本作「文場」。

〔註99〕「將因」，手稿本作「明知」。

〔註100〕「兒孫」，手稿本作「子孫」。

　　將朱〔註101〕易鄭憶成功，寫魯為魚太不通。幸〔註102〕有吾家前例

　　在，暫時改姓免封王。（其三）〔註103〕

　　刊物上的錯誤，以形音相近誤用為最常見。如：《活地獄》中「虎倀」多誤作「虎長」、《三六九小報》「讀史管見」專欄之「紂」均作「糾」〔註104〕。

　　再有「已」、「己」、「巳」相互錯用，當是形近致誤。手稿本中或為不甚在意所致，各刊本中三字錯混，則是校對不精的結果。如：〈火星界探險奇聞〉：「如今飛機隊已〔註105〕脫出地球外矣。」手稿中三字混用；《讀史管見》〈秦檜主和議〉：「十三道金牌已〔註106〕非容易矯偽之物。」鉛字清楚有誤，是應訂正之。

　　「得」與「的」不分的情形，也是常見的。例如《活地獄》中「若曉得〔註107〕同氣連枝。」

（二）校勘方法的應用

　　不論手寫或印刷，文字訛誤為常見的現象，抄錄或翻印的次數越頻繁，訛誤的機率也相對提高。自古以來常見的幾種情況包括有訛誤、脫漏、衍文、倒置、錯亂等。在企圖為作品兼顧呈現原貌與正確性的同時，這些錯訛的現象都必須加以修正。

　　以筆者拙編《鄭坤五全集及其評論》、《鄭坤五研究【第一輯】》二書的實務編輯成果為例，在校勘作品之前，先行訂定〈編輯凡例〉，作為校刊編輯時的主體依據，在據以進行校勘工作。兩作之〈編輯凡例〉大同小異，茲錄列後作者如下：

　　　一、本單元依據鄭坤五手稿本，以及最早發表經作者剪貼保存之報
　　　　　刊版本為底本，並盡量網羅其他多種刊本，運用對校、本校、
　　　　　他校、理校的校勘方法，審慎寫定，盡量呈現作品原貌。

　　　二、本書呈現鄭坤五的代表作五篇，進行校勘重編。

〔註101〕「朱」，《詩報》誤作「來」，今改。
〔註102〕「幸」，手稿本作「儘」。
〔註103〕見《詩報》昭和14年8月16日第207號22頁「墨戲」。
〔註104〕例如：〈帝王受屈〉：「所以糾王之暴……聞誅一夫糾。」、〈史筆四蔽〉：「為
　　　　周武而非殷糾」、〈秦始皇之善惡〉：「夫桀、糾之後」。
〔註105〕已，原誤作「巳」，今改。
〔註106〕已，原誤作「己」，今改。
〔註107〕「得」，原誤作「的」，今改。下同。

三、本單元各篇編排方式，仍沿底本記載之先後為序，全文予以收錄編次。

四、本單元校勘細則如下：

1. 作品抄本、刊本因缺字、渲墨、磨損等情況，致使字跡無從確認者，用□標示，其有不能確定所缺字數者，於附註中說明。

2. 作品抄本、刊本有缺角、殘行、破洞等情況，致使字跡無法辨識者，用○標示。

3. 作品抄本、刊本用字或繁體或簡體，或正體或異體，前後不一者，原則上依目前社會慣用字體予以統一。其有較為特殊者，則盡量保留作品原貌，以便利考察作者的遣詞用字習慣。

4. 為便於觀覽，校勘採取當頁註方式呈現。

5. 校勘盡量羅列可供比勘的資料，提供讀者判斷取捨參考。其有以意改動正文、以意取捨異文者，加註說明根據及理由。

五、為配合現代一般閱讀習慣，同時考量將來可能進行的數位化比對的便利性，版面一律採用橫式編排。

六、各種作品均於題目下方註明點校、覆校者姓名，以示負責。

在這份〈編輯凡例〉中，先行交代校本依據、校勘方法，再而說明編排次序，繼之以條列細則，最後附帶說明格式。以綱舉目張的方式建立校勘原則，作為實務操作時的準據。基本上還是遵循傳統版本學與校勘學的精神，採用傳統校勘學沿用的名詞術語，作為校勘記語言；配合現代新式書籍文件的閱讀常態，以提供讀者正確內容、便捷使用，並忠實反映原作為目標，逐字進行比對校勘，並以當頁注的形式，逐一寫下校勘內容。

茲就常用校勘法，舉例如下：

1. 對校法〔註108〕

對校法是參照同一部著作的不同版本，校勘出版本間的不同差異。再運用校勘者本身的見解，以考證何種版本的字句為佳。例如：

〈雨絲〉〔註109〕二首原載於《詩報》昭和10年（1935）2月15日第99

〔註108〕見《元典章》，北京：中國書店，1990年。
〔註109〕《詩報》作者註：「擊缽限五微」，手稿本未見此註。

號 4 頁，二詩亦同見於手稿本，此二版本均為七言律詩，原作如下：

> 萬縷繽紛繞翠薇，江湖隨處綴蓑衣。纏綿尚可牽詩興，散漫何堪繫
> 夕暉。四野空濛縫霧縠，一天暗淡織雲幃。倘能籠絡春常在，錦繡
> 乾坤賴化機。（其一）

> 穿到秧針草色肥，因風萬縷散霏霏。忽成縹緲〔註110〕垂天宇，漫布
> 經綸滿帝畿。莫結離愁添柳線，好牽詩興入書幃。往來燕剪裁難斷，
> 又綰殘紅作陣飛。（其二）

大約二十年後的民國 44 年（1955）《中華詩苑》2 卷 3 期，有鄭坤五〈雨絲〉絕句一首，比對之，乃其一的末二聯獨立而成。〔註111〕在《中華詩苑》同一卷期，也有〈雨絲〉絕句一首，比對之，為其二之首二聯裁割而成，但作者名卻是「鳳山　李曉樓」〔註112〕。由於此二詩早在二十年前即已發表過，且鄭坤五手稿本中亦明白抄錄，透過對校法可以確知，植名「李曉樓」必然是一個錯誤。但其原因究為有意？或是無心？則無從知曉。

再有一佳例，《南方》半月刊連載鄭坤五「蓬萊清籟」專欄中有杉聽雨〈丹洲途次〉絕句一首〔註113〕，從題面與內容皆看不出異樣。但取手稿本對校之後，赫然發現：《南方》將杉聽雨〈丹洲途次〉詩題，誤植為金井芝恭〈避暑〉詩作。顯然排印者恰好一併連帶脫漏了比鄰並列的〈丹洲途次〉的詩作，與金井芝恭的詩題。二作正確原貌如下：

丹洲途次　　　　杉聽雨

> 遠樹斜暉送亂鴉，山陰早已暮寒加。客中又過重陽節，一路開殘黃
> 菊花。

避暑　　　　金井芝恭

> 避來三伏暑，踏破二毛山。採藥今何處，逍遙積翠間。

〔註110〕「絡」，《詩報》誤作「終」，今依手稿本改正。

〔註111〕〈雨絲〉絕句：「四野空濛縫霧縠，一天暗淡織雲幃。倘能籠絡春常在，錦
　　　　繡乾坤賴化機。」此絕句收錄於《中華詩苑》民國 44 年 11 月 2 卷 3 期 62
　　　　頁〈東寧擊缽吟錄〉（二）；又錄於《詩文之友》民國 45 年 8 月 6 卷 1 期 39
　　　　頁〈東寧擊缽吟三集〉（二）。

〔註112〕〈雨絲〉絕句：「穿到秧針草色肥，因風萬縷散霏霏。往來燕剪裁難斷，又
　　　　綰殘紅作陣飛。」植名為「鳳山　李曉樓」。此絕句收錄於《中華詩苑》民
　　　　國 44 年 11 月 2 卷 3 期 62 頁〈東寧擊缽吟錄〉（二）；又錄於《詩文之友》
　　　　民國 45 年 8 月 6 卷 1 期 39 頁〈東寧擊缽吟三集〉（二）。

〔註113〕見《南方》半月刊昭和 18 年（1943）10 月 15 日第 184 期 22 頁。

這樣的誤漏，一般是完全看不出來的。幸有手稿本提供原始文獻，否則將是一個難以返正的錯誤。

其他如：〈中秋泛月〉〔註114〕：「四邊吹送紫簫聲。」按：「簫」，手稿本誤作「蕭」，依句意為樂器洞簫，改之。

〈芸兄賜和佳作〉〔註115〕：「萬籟無聲夜寂時。」（其二）按：「籟」，手稿本誤作「賴」，依句意為萬種音聲，改之。

2. 他校法

他校法乃針對人名、著作、稱號、等專有名詞，或參考文獻的引文，以原引典籍，或史傳、相關專著校勘之。例如：

〈日月食慧星現〉〔註116〕：「《後漢書・天文志》：王莽〔註117〕起攝元年，迄孝獻建安二十五年，二百十五年間天上變異之靈應。」按：「後漢書」，原脫「後」字。據查引文當出自《後漢書》，今補。

〈鳳凰與治亂無關〉〔註118〕：「一日丞相府〔註119〕鷁雀飛集，黃霸以為神雀，議欲奏聞。後知京兆尹張敞舍飛來，乃止。張敞奏長吏守丞多知鷁雀。」按：「張敞」，原誤作「張敝」；「長吏守丞」，原誤作「長史守承」，今均據《漢書・循吏列傳・黃霸傳》改正。

〈臧丈人或係呂尚〉〔註120〕：「武丁之前黃帝因夢而。」按：「黃帝」，原誤作「黃武」，據作者剪報自校改正。事詳《史記・五帝本紀》晉裴駰《集解》引《帝王世紀》。

〈論王陵與平勃優劣〉〔註121〕：「孫辟彊計，……效周勃、嬰在。」按：「辟彊」，原誤作「辟疆」，據《史記・呂太后本紀》改正。

〔註114〕〈中秋泛月〉：「秋光難得此宵晴，放棹中流自在行。一舸載將丹桂影，四邊吹送紫簫聲。未容塵俗侵遊跡，肯許浮雲翳太清。擊楫何人歌水調，卻疑高詠出袁宏。」

〔註115〕〈芸兄賜和佳作〉：「一燈相對雨絲絲，萬籟無聲夜寂時。論到前朝興廢事，中原逐鹿與君期。」（其二）

〔註116〕見《三六九小報》昭和9年（1934）4月13日331號2版「讀史管見（五）」。

〔註117〕「王莽」前原衍「起」字，據作者剪報自校刪去。

〔註118〕見《三六九小報》昭和8年6月3日294號4版「讀史管見（五）」。

〔註119〕「丞相府」，「丞」原誤作「承」，今改。

〔註120〕見《三六九小報》昭和8年6月6日295號4版「讀史管見（六）」。

〔註121〕見《三六九小報》昭和9年3月16日323號2版「讀史管見」。

「嬃」，指呂嬃，呂后封為臨光侯。原誤作「須」，據《史記‧呂太后本紀》改正。

〈漁洋詩慣用「搖落」〉〔註122〕：「最初出在宋玉〈九辯〉。」按：〈九辯〉，原誤作〈秋興賦〉，今改。

《活地獄》：「大腸告小腸。」按：「腸」，原作「臟」，今依俗語改。

3. 理校法

理校法在對於文字從音韻、語法、義理、文氣等方面校勘之。例如：

〈心火〉〔註123〕：「沸胸熱血情逾熾。」按：「胸」，《臺灣藝苑》誤作「腦」，平仄錯誤，今依手稿本改。

〈明治三十年七月廿六日宿積善園〉〔註124〕按：「廿」，手稿本及《南方》均作「念」，係「廿」之音近形誤，改之。

《活地獄》：「凌治吾兒。」按：「凌治」，臺語，虐待之意。原倒作「治凌」，今改。

4. 本校法

本校法是以本書文字反覆參校，依該書語詞文氣、徵引文字的特性，對前後不一的地方，進行校對。例如：

《活地獄》序：「加之一年地震次數，多至一千以上。」按：「次數」，原倒作「數次」，今改。

《活地獄》：「談話中間」、「繼又經一夜無眠」。按：「話」，原誤作「活」；「經」，原誤作「徑」，均係誤判手寫草體字所致。今改，作者剪報亦已自校改正。

〈活春宮畫〉〔註125〕：「非藉大鏡反映其大體不可」按：「大體」二字之間衍「雙」字，意不通，今刪。

〔註122〕見《詩報》16 年 7 月 4 日 251 號 22 頁「准詩話」。

〔註123〕〈心火〉：「初從丹府起微星，烈焰多因意外成。眉燎悔遲疑有引，身焚事急為無名。沸胸熱血情逾熾，烘臉蒸霞暈忽生。慾念未灰餘燼在，醍醐灌頂氣縈平。」手稿本作者註：「俗語有『無名災』。」又，「縈」，手稿本作「方」。

〔註124〕見《南方》182 期，三島中洲作：「行色寥寥欲暮天，君家投處意欣然。紫薇未綻紅榴謝，當戶凌霄花欲燃。」按：「欲」，《南方》誤作「薄」，今依手稿本改之。

〔註125〕見《三六九小報》昭和 8 年 6 月 29 日 302 號 2 版「讀史管見（十三）」。

二、文獻校勘的意義

文獻校勘對於提供正確的文獻內容，具有不可輕廢的必要性，校誤補缺乃是校勘工作最基本的功能。除此之外，其實透過校勘異文，發現創作鍛鍊的過程；經由不同階段改易的痕跡，隱現作者的時代身影，也都是文獻校勘積極性意義的呈現。

（一）修辭錘鍊

手稿本的重要意義之一，便是能夠如實地呈現作家創作過程中，諸如修改、訂正、刪除等的種種痕跡。以《九曲堂詩集》為例，手稿本中詩作抄列多數可謂整齊，應該大多是在他處草擬完成後，再依序集中抄寫的結果。即使如此，其中仍然有許多部分存有詩人後續潤飾的痕跡。這些改易的過程產生的異文，為詩人推敲修辭的用心，顯示了具體的例證。例如〈題畫虎　獨坐虎〉一詩：

> 自昔臺灣無猛虎，筆端造化移來補。千秋坐鎮古東寧，八面威風護
> 國土。

手稿本在「護國土」一語之前以（ ）夾註，另寫「誰敢侮」三字。顯然鄭坤五認為這二語各有千秋，或許在一時之間尚未作最後定案而暫存之。

再如〈斷句〉，為詩人偶成佳句之集零，均以毛筆抄錄羅列。其中有一句原為：

> 日影入窗侵客座，嵐光拖翠撲簾旌。

詩人以紅墨在手稿本上圈改為：「日腳入窗侵客座，山容拖翠撲簾旌」，並另以細籤字筆於該句之下加寫詩聯而成一絕句曰：

> 日腳入窗侵客座，山容拖翠撲簾旌。梅花香裡烹佳茗，名句多從此
> 際成。

其詩之上又以箭頭引註「題『春畫』」一行文字，表示出詩成之後所擬加上之題目。然此題又再經圈改，終成「春閒」一題。而「春閒」確實較「春畫」一題，來得更為深切有味。

從字體大小不一的夾引修改手稿上，吾人可清楚地看到一首詩歌在屢經累積、琢磨之後，方才形成的艱辛過程。顯然每經過一次的修潤，詩歌的情韻，似乎便向前推進了一步。這是詩人鍛鍊修辭的真實歷程，也唯有透過原始手稿，才能如此具像地呈現出來。

除了對自我作品的修改之外，間有對他人作品的品評，也同樣可以表現

出詩人對詩歌技藝的琢磨。例如〈新竹大詩會早雪詩第一名起句云如錦飛絮柳花初余嫌其一句三重複因戲詠此〉一詩，詩人於題目中已指明寫詩源由，對鑑賞的看法亦直說無諱，使吾人得曉其見解，可為觀摩他山之石的例子，其詩曰：

> 如棉飛絮柳花初，覆舍堆齋壓草蘆。思想料無三顧客，關門閉戶掩扉無。

自古以來文人往往重視作品之能傳世，未敢以小技視之，所謂「文章者，經國之大業，不朽之盛事」〔註126〕、「賦詩不必多，往往凌鮑謝」〔註127〕。詩人文豪以勤於改稿，為個人留下最完美的創作成果。歐陽修的三上（枕上、馬上、廁上）修稿、韓愈的獨吟推敲，都是文學史上著名的例證。鄭坤五手稿本的出現，毫無保留地呈現了詩人自我修飾的痕跡，也同時看到詩人善取他山之石以攻錯的精神，這些都足以為詩人之所以能在當時名重詩壇，屢膺臺灣各地詩歌吟會詞宗的聲望，提供旁參的有力例證了。

吾人所見乃以鄭坤五原始文稿為主，因此頗能得見其鍊字修辭之痕跡。這是手稿本中可謂精彩的一部分，後世藉此可以清楚地看到作家完美呈現作品之前絞盡腦汁開發、斟酌的用心用力，正可以為修辭學提供最佳的教材。例如：〈星彈〉詩中原作「月影」一詞，該詩已經公開刊登於《詩報》後，又於手稿本上刪去，改寫為「蟾兔」〔註128〕。後者用古代傳說為典故，與前者之淺白相較，顯得較為典雅。

再有甚者，乃由殘言斷句而成一詩。手稿本中有題〈斷句〉者，率皆斷句輯零。其中有「力有懸殊公理少，事無成敗定評難」之句，鄭坤五後來在句末以小字接上了「腐儒鼓瑟多膠柱，近論真堪發浩歎」一聯，於上再標「題『腐儒評史』」，則一首完整的詩因之完成。以鄭坤五之好於讀史評史，此詩之作，在諷世慨嘆之中，還似乎頗有自我解嘲的意味。

也有全聯改易者。如〈閒適雜詩〉其二〔註129〕末聯原作「如斯怪癖塵

〔註126〕見曹丕〈典論論文〉，見《文選》。

〔註127〕見杜甫〈遣興〉。

〔註128〕手稿本〈星彈〉原作：「絃聲隱約斗牛間，莫道雲屏中雀難。時有連珠非逐□，曾無為繳竟飛丸。忽流銀漢蛟龍懼，似脫金弓月影寒。雨箭偶然相擊射，卻疑天際起爭端。」同詩又見《詩報》第99號5頁，昭和10年2月15日。

〔註129〕〈閒適雜詩〉：「亦似東坡一肚皮，便便未合貯時宜。氣粗不覺因輸酒，技癢無端為鬥詩。盡日買花分鶴儔，深宵琢句累峨眉。如斯怪癖塵寰少，除卻家人那得知。」（其二）

寰少，除卻家人那得知」，作者於句旁引一線另書曰：「末二句宜換『所幸積習家風在，除卻□妻那得知』」。則雖然原句未加刪除，但作者取捨已然自見。

不過作家錘鍊文句，不盡然都有最後的定案。以鄭坤五原始文獻為例，兩字並列或雙句併陳的現象，所在多有。例如：〈食錢虎〉〔註130〕首句：「大人變後錢為命」，鄭坤五於眉批欄上註曰：「首句四字或用『烏菟異種』，以代『大人變後』。」鄭氏於原詩之上並未有任何畫記，但在眉批欄上有此註語，並取「或用」而非「改用」的字眼，則可見詩人尚未做取捨。

再如〈和少濤來詩原韻〉〔註131〕中「何當乞得王維筆」一句，手稿本於「王維」旁並列「江淹」二字。王少濤與鄭坤五同樣都是能詩善畫的文人，在此詩中鄭氏期以王維自詡，自是取王氏詩畫合一的才華。在「王維」旁列「江淹」，或許是取江淹五色筆的典故，以今觀之，「江淹」一語雖是後出，然而似乎未較前者為佳，但作者也僅是將之並列，未予取捨。

諸如此者尚有許多，只是即使可判別出先後次序的不同，但作家若無取捨，後人似乎也不能代為定奪。校勘家蔣禮鴻曾說：

> 校勘家有一個信條，就是原文不是說不通的時候，不要輕改。〔註132〕

「不要輕改」意即後人其實沒有必要非要將前人作品定於一律，務實的作法便是採取異文並列的方式，將之同時呈現，以提供後世研究者深入探討的忠實憑據。茲分項舉例如下：

1. 改字

〈醉楊妃菊〉〔註133〕：「雨開有淚杜陵悲」。「淚」，手稿本中與原作「恨」並列。

〔註130〕 〈食錢虎〉：「大人變後錢為命，嚼嚙銖錙味亦甘。見利未曾容兔脫，攫金無厭比狼貪。負嵎財界遭威壓，出柙銅山任視耽。到處孔方吞沒盡，富兒色變敢多談。」

〔註131〕 〈和少濤來詩原韻〉：「許締因緣翰墨間，文旌從是喜追攀。何當乞得王維筆，來寫先生入戶山。」

〔註132〕 見蔣禮鴻《校勘略說》，該書未獲，暫轉引自王彥坤《古籍異文研究》第117頁。

〔註133〕 〈醉楊妃菊〉：「誰引芳魂到竹籬，風情端不讓西施。霧中如見春眠態，雨後濃看出浴姿。再世無緣妃子恨，雨開有淚杜陵悲。此花怪底欺霜雪，如帶餘醒未醒時。」

〈黃菊花〉〔註134〕：「插遍陶潛五柳巾」。「潛」，手稿本中與原作「公」並列。

〈夢香仙館〉〔註135〕：「此身解禪不」。「不」，《南方》誤作「未」，為作者於剪報上自校改之。

〈酸風〉〔註136〕：「渡江桃葉不曾饒」。「不」，手稿本作「未」。

〈史家好作鬼話〉〔註137〕：「深願史家此後勿以不經神話，而託文明也。」「玷」原作「託」，據作者剪報自校改正。改「玷」為「託」，語氣溫和許多。

2. 修辭

〈海邊松〉〔註138〕：「卻疑龍出九重淵」。「出九重淵」，手稿本中與原作「掛欲升天」並列。

〈世味〉〔註139〕：「舐將穢痔心堪鄙」。「堪鄙」，手稿本作「無愧」。

〈星彈〉〔註140〕：「似脫金弓月影寒」。手稿本後刪去「月影」，另作「蟬兒」。

3. 造句

〈即景〉：「春月遠隨人，夜深人影獨。清宵不擬〔註141〕歸，且就梅花

〔註134〕 〈黃菊花〉：「叢開麗水長生菊，老圃秋容淡入神。獨與乾坤留正色，肯隨桃李競芳春。催成鄭谷重陽酒，插遍陶潛五柳巾。好共靈椿栽上苑，延齡千歲慶良辰。」

〔註135〕 〈夢香仙館〉：「雞黍與誰語，寥寥少友朋。青山連日雨，白髮十年燈。世味有甘苦，天恩無愛憎。此身解禪不，默坐靜於僧。」

〔註136〕 〈酸風〉：「情天暗淡可憐宵，妬婦津前起怒飆。醋海苦翻今古浪，愛河甘弄去來潮。颶時鐵漢皆低首，過處花枝盡折腰。更挾雌威揚閫內，渡江桃葉不曾饒。」載《臺灣藝苑》第壹卷壹號，昭和2年4月15日25～28頁。

〔註137〕 見昭和8年6月9日296號2版「讀史管見（七）」。

〔註138〕 〈海邊松〉：「慣凌霜雪青松樹，托跡潮飛浪打邊。密影每遮今古月，濃陰時護往來船。沙根穴乞靈龜宿，絕頂巢留海雀眠。幾度蒼茫雲霧裡，卻疑龍出九重淵。」

〔註139〕 〈世味〉：「甘苦辛酸嘗後知，紅塵一醉釀何時。舐將穢痔心堪鄙，嗜好膿痂事最奇。笑我生來同嚼蠟，任人老去得含飴。寰球此味濃於酒，淡薄惟吾不受欺。」

〔註140〕 〈星彈〉：「絃聲隱約斗牛間，莫道雲屏中雀難。時有連珠非逐宕，曾無為繳竟飛丸。忽流銀漢蛟龍懼，似脫金弓月影寒。雨箭偶然相擊射，卻疑天際起爭端。」作者註：「擊缽限十四寒」。編者按：手稿本未見此註。載《詩報》昭和10年2月15日第99號4頁。

〔註141〕 「擬」，《南方》誤作「礙」，今依手稿本改之。

宿。」「夜深人影獨」句，手稿本原作「夜溪吟影獨」。

〈薔薇〉：「麝臍香透絳囊新，四季開成不斷春。枉〔註142〕與牡丹為侍婢，合教少府當夫人。」手稿本作者註：「頷聯欲改作『冤被西夷呼毒婦，寵承少府一夫人』。」

〈破靴黨〉：「靴破難修指露筋，衣冠敗類假斯文。裝身物件無完璧，托足宦場盡冗員。過去功名同敝屣，未來富貴等浮雲。可能共立程門雪，朱履芒鞋便不分。〔註143〕」「可能共立程門雪」，手稿本作「可能立雪程門去」。

〈雛妓〉〔註144〕：「芳齡將屆破瓜期，雨意雲情約略知。警備鴻溝憎鴇母，竊嘗鵝肉妒〔註145〕烏師。無端惱殺由今日，真箇〔註146〕消〔註147〕魂待幾時。擬築香巢聯鳳友，防卿墜作野雞兒。」「芳齡將屆破瓜期」，手稿本原作「撩人年紀十三餘」，未刪去。

《活地獄》：「社會前途不知將如何缺陷？」原作「前途不知如何缺陷耶」，為作者於剪報上自校改正。

〈散髮〉：「散髮江湖憶舊年，鷗盟鷺友好因緣。都門留滯秋將老，夢繞蘆花雪裏船。」「秋」，《南方》誤作「春」，依手稿本改之。一字之差，詩意全改，自以「秋」為宜。

4. 改題

〈詠ラデオ體操〉〔註148〕，本詩載鄭氏剪貼簿「九曲堂詩艸」（未註明出處）；又載《詩報》，剪貼簿中另一剪報，則另題作〈無電早操〉。

〈題自畫墨水牡丹〉，手稿本題作〈墨牡丹〉。

「蓬萊清籟」，手稿本一題作「蓬島片雲」、「蓬萊片雲」。

〈家鄰自轉車店時有車輪破聲如爆竹〉，手稿本原題作〈家鄰自轉車店，時聞嘩嚦一聲如爆竹響，蓋車輪爆破而成銃砲之擬音也〉。

〔註142〕「枉」，手稿本作「肯」。
〔註143〕「等」，手稿本與抄本同作「已」。
〔註144〕手稿本作者註：「四支」。本詩載《詩報》昭和11年6月15日第131號5頁；另收錄於《東寧擊缽吟後集》30頁。
〔註145〕「妒」，《詩報》與《東寧擊缽吟後集》均誤作「姤」，今依手稿本改正。
〔註146〕「箇」，手稿本與《東寧擊缽吟後集》均作「個」。
〔註147〕「消」，《東寧擊缽吟後集》作「銷」。
〔註148〕本詩載鄭氏剪貼簿「九曲堂詩艸」（未註明出處）；又載《詩報》昭和15年9月1日第231號22頁。

5. 增補

〈衛殃變法〉〔註149〕：「如儒家其崇拜之董仲殊所說，聖王之繼亂世也，掃除其跡而悉棄之，譬之鼓瑟不調，甚者必改而更張之，乃可鼓也。為政而不行，甚者必變而更化之，乃可理也。鞅之變法則更化也，非得已也。……如漢景帝時，郅都為中尉，勇悍公廉，及為中尉，尤嚴告行法，不避貴戚，列侯宗室側目，呼之為「蒼鷹」。似此公正之人，後亦為竇太后所殺。此皆犯貴戚所致，豈有他哉？……」這一長段文字，乃原文中所無，為作者於剪報上自校增補。

〈利用迷信也有好處〉〔註150〕：「此少年女英名傲奴臘爾克（ジヤンヌダルク，貞德），當其陷敵破陣時……」「貞德」二字，為作者於剪報上自校增補。

〈活地獄序〉：「……令人見之戰慄；刑法之慘毒，聞之〔註151〕髮指，洵為臺胞體驗在奴隸時期中刻骨之痛史。爰錄於下〔註152〕，俾吾人知地獄本在人間。」「洵為臺胞體驗在奴隸時期中刻骨之痛史。」句原刊本無，為作者於剪報上自校增補。

（二）歷史刻痕

鄭坤五一生所經歷的年代，正是近代臺灣政治、社會最動盪不安的時期。不同的意識型態、同樣的霸權政治，文人在極端時代中的生存方式，因政權或局勢變換以致用語改易，由文字的變異中，也具體的透顯出來。其中最明顯的無非是因政權變換而致用語改易的現象。例如：

在鄭坤五已發表作品的剪貼簿上，吾人可見光復之後，作者以墨水筆修改了日治時期報刊上作品的字詞，包括將「吾國」改為「日本」、「支那」改稱「中國」、「內地人」改寫為「日人」等；以及將「吾國紀元……年」、「皇紀……年」等字句刪除。

又如手稿本中有鄭坤五與大陸詩人郭沫若（1892～1978）〔註153〕唱和之

〔註149〕見《三六九小報》昭和8年7月13日306號2版「讀史管見」（十六）。

〔註150〕見《三六九小報》昭和9年6月9日348號2版「讀史管見」。

〔註151〕「之」下原衍「而」，據作者剪報自校刪去。

〔註152〕「下」，原作「左」，本文今採橫式重編，故改之。

〔註153〕郭沫若（1892～1978），現代詩人、劇作家、歷史學家、古文字學家。原名開貞，筆名郭鼎堂、麥克昂等。四川樂山人。中華人民共和國成立後，郭沫若曾任政務院副總理、中國科學院院長、中國科技大學校長、中國科學院哲

作。鄭氏先錄郭氏原作於前，郭詩寫道：

> 又當投筆請纓時，別婦拋雛斷藕絲。去國十年餘血淚，登舟之宿望
> 旌旗。願將殘骨埋諸憂，哭吐精誠賦此詩。四萬萬人同奮勵，一心
> 一德一戎衣。

隨後鄭坤五以〈奉和郭沫若先生詩〉為題，附詩以和之，其詩曰：

> 不堪回首憶當時，國運飄搖繫一絲。幸得偉人操勝券，喜看倭寇樹
> 降旗。外憂縱止分瓜說，內患猶存煮豆詩。遙想林宗同感慨，蒼生
> 何日卸戎衣。

鄭坤五的這首詩後來公開刊登〔註 154〕，改題為〈奉和郭詞長沫若原玉〉，與手稿本在文字上的不同包括有：原「幸得」改為「幸賴」；原「喜看倭寇樹降旗」一語改為「終教倭寇豎降旗」；末句原「卸」字改為「免」字，其餘無異。

　　目前吾人尚不能知詳鄭、郭二人賦詩酬唱的背景為何，但這首詩顯然是臺灣光復之後的作品。觀諸手稿本上可以清晰地看到，鄭坤五後來在此詩題目上將「奉」字塗去，另將「郭沫若」三字圈出引註曰：「已作漢奸」，題下再有括弧註語曰：「當時尚未背叛政府」。這些註記，當然是在大陸易手、郭氏投身中華人民共和國之後才加上的。政治立場的變化，讓詩人認為有必要加以註記說明。

學社會科學部主任、全國人大常委會副委員長等職。著作結集為《沫若文集》
17 卷本（1957～1963），新編《郭沫若全集》分文學（20 卷）、歷史、考古
三編，1982 年起陸續出版發行。

〔註 154〕見鄭坤五剪貼簿，唯未註明該報刊名。